ともみさんへ

こころに翼

からだに根っこ

二〇二年九月五日

山上亮

整体的子育て2

わが子にできる手当て編

山上 亮

クレヨンハウス

はじめに

みなさんは子育てで何か悩み事があったときには、いったいどうされるでしょうか？　とりあえずネットで検索してみますか？　たしかに調べものをするときにはこれほど便利なものはありません。ですが実際調べてみると、何万件という情報にヒットし、賛成意見やら反対意見やらがずらっと並んでいて、結局何がいいのかわからないということも多いのではないでしょうか？　情報というのは、ありすぎてもなさすぎてもわからなくなるものです。それはまさに現代ならではの子育ての悩みかもしれません。

講座で多くのおかあさん方と接していると、そのような悩みを抱えている方が非常に多いように思います。「何がいいのかわからない」。それは、これからの時代の最大のテーマとなりうる課題です。じっくり考えて試行錯誤していけることなら、みんなで相談しながら侃々《かんかん》諤々《がくがく》とやっていけばよいでしょう。ですが、子育てにおいてはそうはいきません。子どもは結論が出るまで待ってなどくれないのです。いつの時代も子育ては「いましかない」のです。

そんなある種のナマモノを扱うようなときに、情報や知識を身につけるということも大切なことではありますが、もっと素朴に「子ども自身のからだに聞く」ことも、また大切なことなのではないでしょうか。子どものからだというのはじつに雄弁にいろいろなことを語っています。ですが頭でっかちの現代人は、なかなかそのことばに気づけなくなってしまっています。でも、いつも子どものそばにいるわたしたちにできることは、まずそのことばに耳を傾けてみることだと思うのです。わたしたちのからだ自体が備えている検索エンジンをフル活用して子どもと向き合えば、そこでもっともっといろいろな、そして必要なキーワードをキャッチできるはずなのです。

この本ではそんな子育ての方法である「整体的な子育て」というものを、みなさんにご紹介していきたいと思っています。みなさんが本書を読んだあとに、何かひとつでも多く「からだの声」が聞こえてきたなら、著者としてこんなにうれしいことはありません。

目次

装幀　名久井直子
装画・挿画　佐藤　香苗
挿画　たけなみゆうこ
写真　矢部ひとみ（office 北北西）
DTP　タクトシステム

第一講
子どものありのままを見つめる

整体的子育て講座にようこそ

わたしはいろいろなところで「整体的な子育て」についてのお話をさせていただいているのですが、ふだんからなるべく「子ども同伴可」で、講座をおこなうようにしています。それは子連れだとどうしても行きづらい場所が多い都市生活の中で、少しでも子育て中のおかあさんたちが気軽に行ける場があってほしいという思いがあるからです。それに子育てというのはやはり仲間がいて、いろいろな情報を共有したり、励まし合ったりしながらおこなっていくのがよいと思うので、講座に参加されたおかあさんたちがいろいろなやりとりをするうちに、そこで新しいつながりが生まれていけばいいなと思っているのです。

ですが、そういう場が成り立つためには、わたしひとりの力では無理なんですね。来てくださっているみなさんのご協力なしでは、成り立たないのです。ですからいつもみなさんには、子どもが途中で飽きてウロウロしはじめたときには、みんなでちょっとずつ子どもたちに目をかけ気をかけて、ウチの子よその子関係なしに、何かあったらパッと声をかけてほしい、とお願いしています。そういったみなさんのちょっとずつの気働きが、子どもといっしょの講座の場を成り立たせてくれるのです。

最初はそうやって子ども同伴で講座をおこなうことについて、いろいろ考えました。とっても元気な子が来てワーッとはしゃいでわたしの話が聞こえなかったら、講座に来てくださる方々に申し訳ないな、とも思いました。でもやりはじめてみて、子どもたちが教室をウロウロしている中で勉強する意味というのが、すごく大事だなと改めて思ったんです。それはなぜかというと、子育てを実践するということは、そういう環境の中で実践してゆくということに他ならないからです。

前に、ある整体の先生にこんなお話を伺いました。整体の創始者である野口晴哉《はるちか》という方には何人もお弟子さんがいて、講座のときにはいつもかしこまってお話を聞いていたんだそうです。講座にはときどき子どもがいることがあって、みんなが真面目に先生のお話を聞いているときにウロウロしている。まあ子どもというのは基本的にいたずら好きですから、みんなが真面目にしているとちょっかいを出したくなります。だから後ろに回って、背中に「バカ」とかなんとか書くんだそうです。すると、それに対してお弟子さんによって2種類の反応がある。つまり、そういう子どもの悪ふざけにはいっさい構わず、先生の講義ひと筋で無視をするひとと、「なんだよ」とか「バカって書いたろ」とかいって、リアクションするひと。結果からいうと、無視してなんのリアクションもしなかったひとたちは、そのあといつのまにかいなくなってしまって、返事を返したひとたちは、残って指導者になっていったということなんです。

わたしはその話を聞いて、むむむ……とうなりました。それってすごく大事なことのような気がするんです。わたしがふだんからお教えしていることは、整体的な子育ての方法です。それはわかりやすくいうと、からだに目を向けて、もう少しその部分と対話しながら日々を過ごすということです。「これをやりたい」「これをやりたい」「少しおなかが痛い」というちいさなメッセージが聞こえてきた。そのときに、「いまこれをやらなくちゃいけないんだから、静かにしてなさい」と抑え込んでしまうのは、からだをなおざりにしているということだと思うんです。そういうことが続けば、病気になったりするでしょう。子どもだってやっぱり同じで、無視され、抑え込まれるようなことが続けば、何か問題が生まれてくるわけです。

勉強しようと思って講座に参加したならば、だれだってきちんと講師の話を聞きたいと思うものです。ですが、たとえば子どもが「ママー!」といってきたときに、「ママはいまあなたの手当ての勉強をしているんだから、あとにして!」では、やっぱり本末転倒なんですよね。子どもみたいなイレギュラーなものがパッと関わってきたときに、そこにもきちんと気をかけ、対話ができるということ。じつはそういう振る舞いこそが「整体的な子育て」の実践に他ならないんですね。ちいさな声をどれだけ受け止められるか。声なき声をどれだけ拾えるか。そういうことが、からだに対しても子どもに対しても大切な構えだと思うのです。

子どもと対話するために、自分のからだと対話する

「からだと対話する」ということと、「子どもと対話する」ということは、わたしの中ではまったく同じことなのです。ですから、子どもと対話できるようになるためには、自分自身のからだと対話していかなければならないと思っているのです。

では、ここでちょっと「自分自身のからだを感じて、対話してみる」ということを、ゲームのようなカタチでやってみましょうか。「背中の指何本」と名前をつけたんですけど、名前のまんまのゲームです。

ワーク【背中の指何本】

ふたり組でおこないます。ひとりが、もうひとりの背中側に来

るようにタテに並びます。後ろのひとが前のひとの背中に指を当て、前のひとはそれが何本なのかを当てます。背中のアチコチでやってみてください。

かんたんそうでしょ？　ところが、これが意外と難しいんですよ。前のひとが答えたら、後ろのひとは必ず正解を教えてあげてください。そのフィードバックが大切です。子どもも数がかぞえられればできますから、お子さんとやってもいい。では、やってみましょう。

どうでしょう？　意外とわからなかったかと思います。わたしたちはだれでもからだの前面は比較的意識するんですね。みなさんも毎朝鏡を見ては丁寧にお化粧したりしていると思いますが、背中に意識を向けることは、ふだんの生活では、なかなかしないのではないでしょうか。

昔のひとは現代人よりもっと背中を意識して、そして大事にしてきました。背中に紋を背負ったのは、ある意味そんな意識の現われじゃないかと思いますし、子どものあそびを見ていても、「カゴメカゴメ」や「ハンカチ落とし」など、背中の気配を感じるあそびが多くあります。それはやっぱり背中側の意識や感覚を育てていたのでしょう。つまり見えないものの気配を感じる訓練です。見えないものの気配を感じるためには、ホントにささやかな情報に気を配らなくてはいけないわけで、そういうことを続けることで、からだの感覚をどんどん研ぎ澄ましていくことになるのです。

さて、みなさん背中をさわられてみて、わかりやすいところとわかりづらいところがあったと思います。わかりづらいところはさわられても気がつかない場所ですが、それはつまり、そこの部分の気が欠けているということです。何かあっても気がつかない。ですからそういうところは、どこかにぶつけてケガをしたり、こわばってきて病気になったりしやすい。

そういう気がつかないところ、気が欠けているところは、気がついていくこと、気をかけていくことが大事なんです。いまみなさん背中をさわられてみて、けっこうわからないということに気がつきましたよね？「気がつかない」ことに「気がついた」ということは、それはつまり対話のスタートです。からだに「はじめまして」です。物事は気づいたところから、どんどん変わってゆきます。いや、気づいたらその時点で半分はもう変わったといってもいいかもしれません。そこから対話がはじまれば、あとは自然と変わってゆくのです。

それでは、さらにもうひとつワークをやってみましょう。今度は「背中の持ち上げ」と名づけたワークです。これも名前そのままです。「背中の指何本」ではふれられた指に意識を向けてそれをかぞえるだけでしたけれど、今度はそのふれられた個所を動かすということをやってみます。「読解」だけじゃなくて、きちんと「返事」もしなくちゃいけない。さあ、いよいよ難しくなってきましたよ。

ワーク【背中の持ち上げ】

　ふたり組でおこないます。まずひとりが、からだの力を抜き、リラックスした状態で、四つばいになります。このとき緊張していたりくたびれていたりすると、背中がゆるまずに盛り上がっています。リラックスできるとハンモックのように背中がぶらんとぶら下がってたわみます。それがいちばんいい状態。

　もうひとりが、指で背中を軽くトントントンと叩きます。叩く力は強すぎず弱すぎず、四つばいのひとがちゃんと感じられればけっこうです。四つばいのひとは背中を叩かれているのを感じたら、その「叩かれている個所」を持ち上げていってみてください。ひもで引っ張られていくようなイメージでグーッと持ち上げていきます。叩いているひとはその間トントンと叩き続けてあげると、相手も持ち上げやすくなります。ある程度持ち上がったら「はい、ストーン」と声をかけて手のひらでポンと叩いてあげる。そうしたら四つばいのひとは脱力して背中をストンと落とします。背中のアチコチで同じことをくり返します。

慣れてきたら背中を叩いているひとは「もうちょっと上」とか「もっと左」とか、持ち上げる部分を訂正してあげてください。きちんと叩かれている個所が持ち上がってきたらストンと落とす。最初はわかりやすそうなところからはじめて、だんだん難しそうなところもやってみてください。

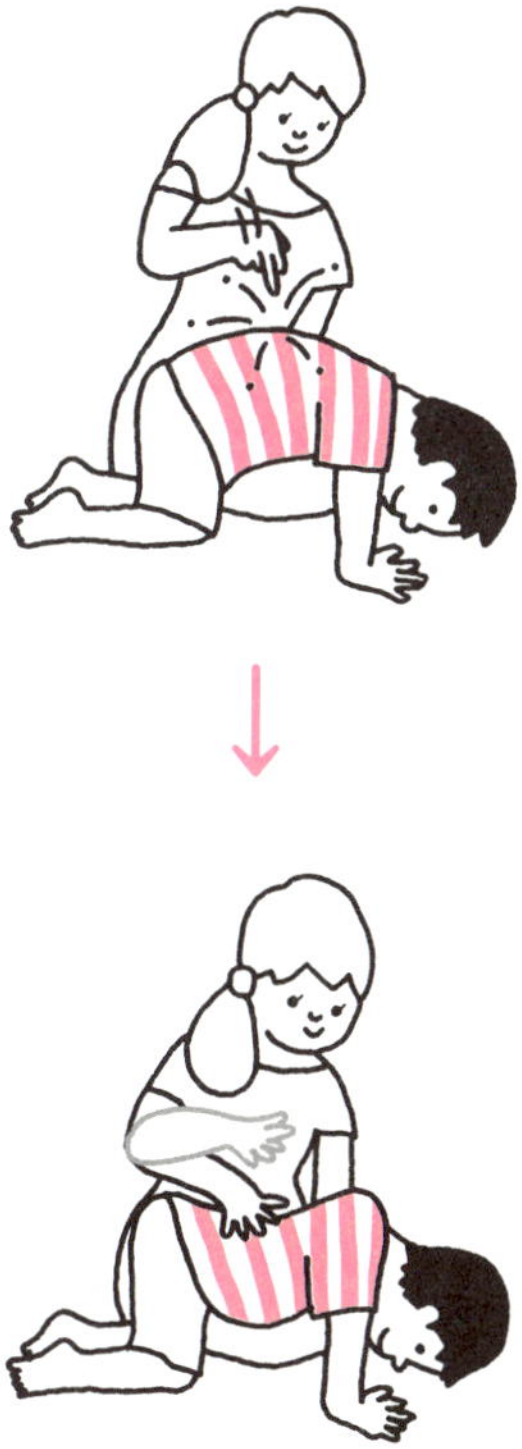

さて、どうでしたでしょう。うまく動かせましたか？　最初はまったく動かないかもしれません。どうやって動かすのか空想すらできないかもしれない。背中を細かく動かすことなんて、日常生活ではまずありませんから、ほとんど未知の体験だったひとも多いかもしれません。でも、こうやってゲームのようにしてあそんでいるうちに、少しずつ細かく動かせるようになってきます。すると背中の感覚がずいぶん明るくなってきます。「ここだよ」と背中を指差されて、ふっと意識できるようになる。パッと動かせるようになる。そうやってあそんでいるうちに、だんだん自分のからだと対話できるようになってきますから、ぜひ、家族やお友だちとやってみてください。

子どものことばにならないメッセージに返事する

ふたつのワークでやってもらったことは、自分のからだに意識を向けるということです。それはつまりからだの声に「気がつくこと」、そして「気をかけること」です。そういうちいさな変動に気がつき、そして気をかけてゆくことが、整体の子育ての基本となってきます。

人間の子どもはほとんど無力の状態で生まれてきます。動物の子どもは生まれて1時間もしないうちに立ち上がり、おっぱいを求めて歩き出します。それに比べて人間は何ヶ月も経たなければ、立ち上がることすらできません。ある意味、完全にまわりの人間を信頼して生まれてきているともいえますが、そうするとまわりの大人に気づいてもらう、気をかけてもらうことは、命に関わる一大事となってきます。ですから子どもはみんな、まわりの人間の注意が自分に集まっているかどうか、「注意の焦点」がどこにあるのかについて、非常に優れた感覚をもっています。そしていつだって自分に注意を集めようとする。それを「注意の集注要求」といいます。

お子さんにごきょうだいがいる方はよくわかると思うのですが、下の子が生まれたときに上の子があかちゃん返りをして甘えてきたり、病気になったり大ケガをしたりということがあります。それはみなさんお気づきだとは思いますが、どうしても両親の注意が下の子に注がれるので、上の子はすごい不安に襲われるのです。自分に注意が集まらなくなるということは、自分が死んでしまうかもしれないということですから、必死になって注意を集めようとします。あかちゃんがおかあさんの気を引くならば、自分はもっとあかちゃんになって「バブー！」とやろうとするし、あかちゃんがくしゃみをしておかあさんの気を引くならば、自分はもっと激しい風邪を引こうとする。イタズラすればこっちを向くし、ケガをすれば気にかけてくれる。ますますそういう方向へと向かっていく。それは完全に無意識ですが、大人の注意が集まるほう集まるほうへと子どもは行く。

講座をやっていて、わたしがおかあさんを手当ての実習のモデルにしようとすると、遠くであそんでいた子がパッとやってきて、わたしとの間に入ってきたりする。おかあさんに抱きつく子もいれば、わたしにちょっかいを出す子もいる。そばで黙ってわたしの顔をじっと見る子もいるし、「ねぇママおなかすいたー！」なんて唐突に言い出す子もいる。あるいは他の子を叩いたり、何かガシャンと倒したりする子もいる。とにかく子どもはいろいろな表現をしますけれど、どれもつまりは「ボクのママにさわるな」ということなんですよね。そういうときはわたしも、そのときの子どもの勢いによって振る舞いを変えます。「ママにね、ちょっと手当てをしてみるね」といって納得してもらうこともあれば、「わかった。やめておこう。他のひとにお願いしようね。それとも君がモデルになってくれる？」なんていうこともある。物を投げたり叩いたりというように、その子の表現があまりに激しければ、その子のそばに行ってふれたり話しかけたりもします。

フォローというかなんというか、とにかくその子と対話しようとします。ことばにならないメッセージを発しているその子に対して、「近づいたり抱っこしたり話しかけたりする」ということが、すでにこちらの返事なんです。そのときも、子どもによって逃げたり飛びかかってきたりいろいろですが、でもそういうやりとりをすることがとても大切なのです。それはつまり「言語以前の対話」です。子どもの要求や主張というのは、たいていはっきりことばにならないし、ときにとてもわかりづらいカタチを取る。

けれども、それにこちらが気づいて返事をしてあげるということが、とても大切です。

そしてさらにいうなら、子どもはそういうやりとりの中で「人間関係の作法」のようなものを吸収しています。そこで起きていることをすべて吸収している。人間関係において、何かがサッと捨てられたり無視されたりするのだとしたら、子どももその振る舞いを見て、吸収しています。ですからわたしも思わず無視してしまったときは、あとでとても後悔します。それわたしだって気づいたらそういうことをしているときがあるんです。それはもう反省します。

手当てのときは息を合わせる

　そのように子どもは「注意の集注要求」が非常に強いのですが、それはつまりいつだって「気にしてほしい」ということなんです。そしてその「気にしてほしい」というメッセージは、本人もほとんど自覚していないので、無意識に現われます。明確なことばになることはなく、「からだのメッセージ」としてきわめてちいさな声で現われる。たとえばこちらをチラチラ見るとか、なんとなくゴロゴロしはじめるとか、そんな何気ないしぐさの中に溶け込んでいる。

　そういう「からだのメッセージ」は、なかなか頭ではわからないのですが、じつはこちらも無意識のレベルでは、きちんと受け止めています。それはつまりどういうことかというと、「何か気になる」というカタチで受け止めているんです。ですから子どものことが「何か気になるな」と思ったら、もうすでに子どもの「気にしてほしい」というメッセージを受け止めているんだと思えばいい。

そうしたら、こちらはそれに対して返事をしてあげるわけですが、それが「気をかけてあげる」ということなのです。「何か気になった」のなら「気をかけてあげる」。その端的なものが「ふれる」ということです。ひとは昔から、ケガや病気などをして何か気になったところには手を当ててきました。それがもっとも原始的な手当てです。整体では人間のもっている「手当て」という本能を、積極的に活用しようと考えているわけです。

整体ではそんな手当てをする前に必ずおこなうことがあります。それは「息を合わせる」ということです。ふたりで息を合わせる。みんなで息を合わせる。そういうことが準備としてあります。「肌が合う」とか「ウマが合う」なんていうことばがありますが、息の合わない者同士というのは、そのやりとりが、どこかちぐはぐになってしまうのです。ですから手を当てても、何かそこには遠さがある。でも息が合った者同士は、手を当てるだけでも非常に深い交流が起きるのです。その交流が具体的になんなのかということは、これはわたしにもよくわかりませんが、でも息が合ってくると、急に相手の気持ちがわかったり、話が通じたりということが起きるのです。

ではここで、もうひとつボディワークをやってみたいと思います。相手の呼吸をつかまえてそれを導くというのは、いきなりでは難しいので、ここではもっとわかりやすいカタチで、相手のリズムをつかまえて、ふたりの息を合わせるワークをやってみましょう。

ワーク【寝にょろ】

ふたり組でおこないます。まずひとりが仰向けに横になってください。ただポカンとしていればいいです。もうひとりは寝ているほうの足首をつかみ、その足を正座の膝の上に乗せて準備完了。そのままゆらゆらと相手を揺すります。うまく相手のリズムをつかまえて、そのリズムで揺することができると、足で生まれた波が相手の頭まで伝わってゆきます。揺すっているほうも力を入れすぎずにリラックスして、むしろ自分もその揺れの心地よさを味わうようにやってみてください。

さて、どうでしたでしょうか。うまく揺すれましたか？　このとき大事なのはリズムであって強さではありません。ラジオの周波数といっしょで、電波をいくら強くしても周波数が合わなければちっとも響かないのです。でも周波数がきちっと合えば気持ちよく響く。受けているひとがいちばんよくわかります。しばらく気持ちよく揺すったら、ときどきピタッと止めます。これがまた気持ちいい。波の余韻がじわじわ〜っと全身に広がるので、それを味わいます。ゆらゆら揺れる「おもての波」がピタッと止まると、その余韻が目に見えない「うらの波」となる。その「おもての波」と「うらの波」を交互にくり返しながら大きく揺すりちいさく揺すり、入れ子状となった「フラクタル」な波を全身で味わっていると、本当に気持ちよくまた全身がゆるみます。

　これは「野口体操」にある「寝にょろ」というものを、わたしなりにちょっとアレンジしておこなっているものです。「野口体操」というのは、「野口整体」と名前が非常に似ているんですがまったく別のもので、野口三《み》千《ち》三《ぞう》という方がつくられた体操です。どちらも素晴らしいボディメソッドなのでわたしはともに学んでいるのですが、本などもいくつか出ていますし、興味のある方は調べてみられるとよいかと思います。

「リズムを合わせる」ということは、ちょっとしたコツが必要ですが、そのコツさえ身につければそれほどたいへんなことではありません。最初はこちらも一生懸命になって相手のリズムに合わせようとしてしまいますが、それを続けていると、こちらもくたびれてきてしまいます。ですからこちらも力を抜いて、相手のリズムに合わせられるようになるといちばんいい。リズムを合わせるのに力はいりません。それは細かな身体操作であって、だれもがある程度は身につけられることなんです。

自分が無理することなく相手のリズムに合わせられるということは、それはそのまま「力みすぎない人間関係」を築くコツですね。どうぞみなさん、このワークで身につけた感覚をこのワークだけのものと思わず、いろいろな場面で思い出してみてください。だれかと会話するとき、仕事するとき、生活するとき、いろいろな場面でこの感覚を思い出して「あ、こんな感じ」と活かしていくことができれば、きっといま味わったような気持ちよい関係を築き上げることができるはずです。

気づいたらサッと動ける からだに育てる

さて、ふたりの「息を合わせる」ということを、「相手のからだを揺する」というちょっと変わったカタチで体感していただきました。先ほども述べたように、こういう感覚が相手のからだにふれていくときの基本になります。手を当て、気をかけていってあげるときに、息を合わせていく。リズムを合わせていく。そうして呼吸が合ってくると、まるで一体になったような感じがしてきます。打撲のあとや、ひどく悲しんだり怒ったりしているときは、子どもの呼吸が乱れていることもありますが、そんなときでもこちらがその子本来のゆったりとした呼吸に合わせていってあげること。さざ波立っているその子の呼吸の奥には、必ず本来の呼吸のリズムが波打っています。ですから、こちらがその本来のリズムに寄り添って深く呼吸をしていれば、そのうち相手のリズムのさざ波も収まってきます。

そのときに、あまり余計なことを考えすぎないことが大切です。頭でいろいろなことを考えていくと、たいてい息が浅くなって、相手とずれてきます。ですからポカンとしたままふれてゆく。そして集注しながら、相手のからだを感じる。相手の脈や呼吸、温かさや肌の感じ、そういったものをただ感じる。人間は何かを感じるとすぐ頭が働き、何がしかの判断を下そうとするのですが、でも「判断」はいらないんです。脈がこれくらいだからこうだとか、腫れがどうだとか、硬さがどうだとか、それはどれも判断で、すでに頭が働いています。「まずは」と但し書きはつけておきますが、そういうものはすべて余計です。ただ感じるままに集注してください。頭はポカンとして、ただふれているところに注意を集めて、相手のからだが語ることをひたすらに聴いていく。それが整体の手当ての基本的な構えです。

こういう手当てを家庭で実践していると、子どもはその手当てを自然と身につけていきます。それはつまり「気になるところにふっと自然と手が行く構え」です。そのことは単なる「手当て法」とか「健康法」とかいうこと以上に、すごく大きな意味があると思うんです。何か気になったときにさっと手が出る、さっと動けるということは、ほとんど無意識です。しかしそれは、たとえば学校で、具合の悪そうな友だちがいたときに、ふと気になってそばに近づいて「大丈夫？」と声をかけることや、あるいは会社に入ったときに、ちょっと困った様子の同僚に「どうしたの？　手伝おうか？」と声をかけることにつながってきたりするのです。それらの行動はまさに「何か気になることがあったらサッと動く」手当ての振る舞いに他なりません。それが当たり前のこととして、ごく自然のこととしてできるというのは、すごいことだと思うんです。

家庭で日々おこなう手当ては、ただ手当てとして子どもに伝わるわけではありません。つまりケガや病気のときにどのように手当てをするか、ということだけでなく、「何か気になることがあったらサッと動いて手を当てる」、そんな振る舞いとして、子どもの無意識に、子どものからだに伝わってゆくのです。非常に強い模倣要求のある子どもには、そこでおこなわれている人間の営みそのものが吸収されていきます。おかあさんの「手当て」を見つめるあかちゃんの無垢なる目には、そこで動いている本質こそがしっかり映し出されているはずです。

第二講
子どもの自信をはぐくむからだ育て

子どものからだを信じる手当て

わたしたちのからだは、つねにさまざまな活動をおこなっていますが、わたしたちがそれらを意識することはほとんどありません。わたしたちが自分のからだを意識するのは、たいてい何かあったときです。「胃がシクシクする」とか「心臓がドキドキする」とか「頭が重い」とか、そういう通常の状態からかけ離れたことがあってはじめて意識にのぼるのです。それは「ちょっと気をつけてくれよ」という、からだからの警告のようなものです。そうやって何かあったときに、からだはメッセージを発信し、わたしたちがその部分を意識することで、そこの感受性が高まり代謝が活発になって、治癒の過程が促進されるのです。

整体ではからだに現れるさまざまな変動も、基本的にはすべて必要があっておこなわれていると捉えます。熱が出たり、下痢をしたりしても、それは何か必要があっておこなわれていると考える。ですから、それらの変動も基本的には「止めよう」とはせずに「全《まっと》うしよう」と発想するのです。

昔は熱が出たらとにかく下げようとしましたが、いまは「熱もむやみに下げないほうがよい」ということが医学的にも語られるようになってきています。熱が上がるのはからだの防衛反応のひとつであって、からだの中に侵入した菌やウイルスを退治しやすくするためであったり、あるいはさまざまな排泄物を汗を通じて出すための反応だったりするわけです。だとしたら、それをむしろ積極的にサポートしていくことで、必要なことが速やかにおこなわれていくんじゃないかと、そのように考えるわけです。

そこには「からだに対する信頼」が前提としてあります。それは何かあったときに「からだは必要なことをやってくれる」という姿勢です。ですから整体は「体育」であって「治療」ではないのです。治療というのは何かあったときに疑ってかかるわけですけど、体育ですから信じてかかるんです。整体はからだを育て、ひとを育てる教育に立処《りっしょ》を置いているので、治療とはちょっと立ち位置が違うのです。

基本的に「治療」は非常時におこなうもので、「体育」は日常的におこなわれるものです。非常時、つまりその変動がからだに任せておくだけではうまく経過できないときに治療というものがおこなわれる。整体にも非常時の対処法はあるのですが、それは何があっても「深い息に帰れる」ための技術としてあるのです。それがときに劇的な変化を促すことがあるので、まるで治しているかのように思われることもあるのですが、別に治しているわけではなく、本人が自分の深い息というものを取り戻しただけなんです。自己治癒能力を十全に発揮できたということなのです。何かの変動もまたその経過も治癒も、自分自身のもっている力の発揮に他なりません。「育つ」ということはあくまで自発的におこなわれることであって、外からの働きかけは、そのきっかけにしかなりえないのです。

ひともからだも、その力を信じて任されたときに、もっとも育ちます。そしてそういうことを通じて、自分を信じられるようになる。それが「自信」です。自分のからだを信じられる、自分に自信がもてるということは、どれだけ幸せなことでしょう。

ですから家庭ではできる限り、子どもを「体育の視点」で見つめてあげてほしいのです。それはつまり、子どものからだを「信じる」眼差しです。子どものからだがおこなおうとしていることを信じて、しっかりやらせ切ってあげること。最低限必要な手助けだけをしながら、その経過を全うさせてあげてほしいと思います。

手当て【後頭部の愉気】

うまく熱を出せずに微熱がいつまでも続くときは、子どもの後頭部にじーっと手を当てます。これを整体では「愉気《ゆき》」といいます。おでこと後頭部に手を当て、軽く挟むようにして、子どもが汗ばむくらいまでおこないます。これは必要な熱を出し切るお手伝いですが、熱がしっかり出せると大量の汗をかき、熱がスーッと下がってきます（愉気については第三講を参照）。

不満が風邪に化ける

目覚めと眠りの端境期《はざかいき》は、からだの変動が現われやすい時期ですが、子どもはしばしば夜中にぐずり出したり、熱を出したりすることがあります。子どもを見ていると、そういう変動は昼間に何かあったときに出ることが多い。たとえば幼稚園で友だちにおもちゃを取られ、「返して」といってても返してくれないから強引に取り返そうとしたら、そこだけ見ていた先生に怒られたとか、夕方の公園でママのおしゃべりの間ずっと待たされ、ようやく家に帰れると思ったら、急用でまた付き合わされたとか……。そういう日の夜に熱が出たり、腹痛を起こしたりということがよくあります。

そのような現象を「不満が風邪に化ける」というのですが、まだこころもからだも一体となっているような子どもの時期には、そういうことがよくあります。からだの中の不満が、うまく表に現わせないままにたびたび抑えられると、その圧縮されたものが、からだがゆるむ夜中になって症状や無意識の振る舞いとなって噴出する。とくに先の例のように、表に出そうと準備されていたものが抑えられて出せなかったりすると、そのエネルギーが圧縮され、より激しいカタチで現われようとするのです。

そういう不満のようなものも、きちんと表に現わすことができればいいのですが、子どもは自分の中で動いていることをまだきちんと言語化・概念化することができません。そうするとそれらは整理されることなく、無意識のままにうごめくことになり、生理的変動としてからだの症状や振る舞いとなって現われるのです。それで昼間の不満が、風邪になったり、イタズラに化けたりということが夜中に起こるのです。

おしっこと強情さ

不満が風邪に化けると書きましたが、その逆にからだの生理的変動が心理的変動となることもあります。たとえば泌尿器系の変動は、強情さや聞き分けのなさなどにつながります。

家族でドライブに行ったときに、これから渋滞になりそうだからとサービスエリアに入り、「トイレに行ってらっしゃい」と子どもにいったら、「行かない」なんて言い出すことがありますね。「本当に大丈夫なのね?」と念を押して出発したら、走り出して10分もしないうちに「ママおしっこ行きたい」なんて言い出す。そして「だから、さっきあれほどいったでしょう。どうしてあなたは……」と、せっかくの家族旅行の楽しい車内が一転して険悪なムードになってしまうなんてことがある。

これは子どもの中で「下腹部の不快感」が「おしっこ」に結びつかないから起きてしまうわけです。「おしっこしたい」という生理的変動が意識化できずに、その泌尿器系の不快感が強情さという心理的変動につながってしまうのです。すると最初はあくまで生理的な現象であったものが、そのうち家族関係の問題にまで発展してしまうわけです。そうなる前に、ちょっと子どものからだの変動に気づいて、泌尿器系の手当てをしてあげられたら、そんな状況にならずに済むかもしれないのです。

手当て【おしっこの詰まりの手当て】

両手を重ねて、左足の太ももの内股にある筋にふれる。太もものつけ根あたり、真ん中あたり、ひざに近いあたりの筋を、それぞれギターの弦をはじくように、筋を手前にブルンと2、3回ずつはじく。

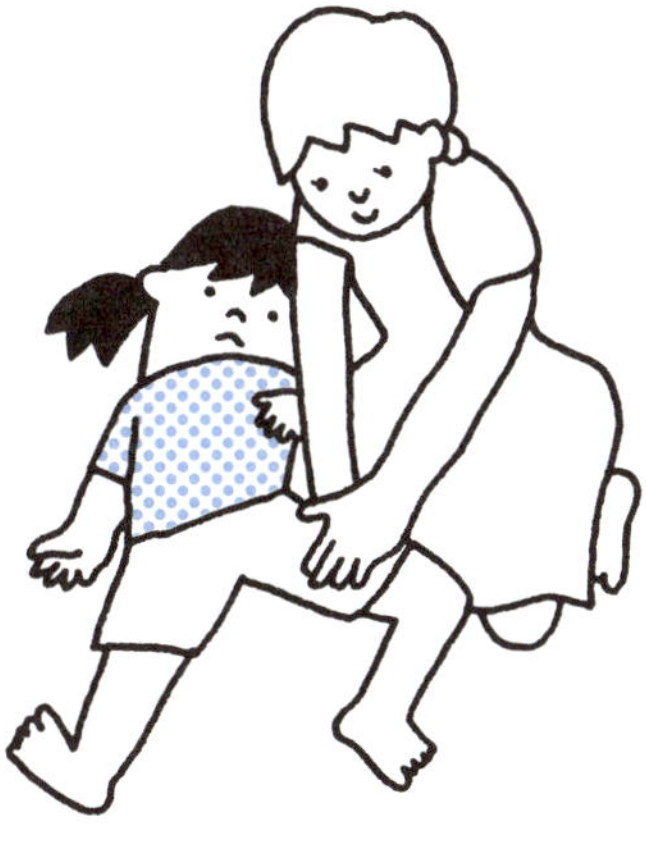

講座で子どもをモデルにこの手当てをすると、そのままトイレに行ってしまうことがよくありますが、子どもの変動に手当てで返事をしてあげることができれば、子どもの中で動いていることをスッと表に現わすお手伝いができるのです。

あるいはそれ以外にも、強情さ自体を利用して誘導してあげることもできます。車を降りるや否や「パパがトイレいっちば〜ん!」とかいって目の前で走り出せば、強情になっている子どもは「だめ! ボクがいちばん!」といって我先にトイレに駆け出すかもしれないし、あるいは近くに噴水でもあれば、子どもの空想を利用して、「いっぱい出てるわね〜」とかなんとかいって、ジョロジョロと水が出ている音を聞かせているうちに「おしっこ」と言い出すかもしれない。小便小僧があればいちばんいい。そんなふうにいろいろなやり方を通じて、子どもが表に現わそうとしていることをサポートすることができるのです。

子どもの表現を助ける大人の知恵

このように子どもの中で動いていることは無意識のうちに、からだを通じた症状や振る舞いとして現われやすいのですが、それらも基本的には抑えるより出させてあげることを考えます。からだから出てこようとしているもの、排泄されようとしているもの、表現されようとしているものは、基本的にはしっかり出し切らせる。それが「全う」ということです。熱が出たなら熱を出し切らせる。汗をかいているなら汗をかき切らせる。下痢をしているなら下痢を出し切らせる。そして何かを投げようとしているなら投げさせる。転がりたいなら転がらせる。それがからだにとって健やかであるということなのです。

ですが現実問題として、実際にされたら困ることもいっぱいありますね。ガラスのコップを投げようとしたり、友だちを叩こうとしたり、そんなことをされたら困る。できる限り出させてあげたいけれども、じゃあどうすればまわりに迷惑をかけずに表に現わすことができるのか。そこに「大人の知恵」というものがあるのです。

たとえばコップの代わりに綿のボールを投げてみたり、友だちの代わりに太鼓を叩いてみたり、あるいは友だちにことばで言い返してみたりする。そうやってやろうとしていること、表に現わそうとしていることを、やってもいいカタチにしてやらせてあげる。もっと伝わるカタチでやらせてあげる。それがきちんと全うするということであり、また社会的な振る舞いを身につけるということでもあるわけです。

それはトイレットトレーニングを考えてみると、いちばんわかりやすいかもしれません。「ウンチをしたい」ときに「ウンチをする」のはいいことですね。それはだれも異論がないと思います。ウンチをたっぷり出すことが、からだにとっていいことは、みなさんご存知です。だからどんどんやってほしい。どんどん出してほしい。でも、そこらへんで垂れ流されたらちょっと困るわけです。後始末がたいへんだし、部屋じゅうが臭くなってしまいます。ですから子どもが「ウンチをしたい」というときに、こちらとしては「どうぞ、ウンチを出してください」というスタンスではあるのですが、「でも、ここで出してね」とおまるを出す、あるいはオムツを出すという、そういうことなのです。

それはつまり子どもに社会的な振る舞いとしての排泄方法、表現方法を教えてあげるということです。それが躾です。だれも別に「ウンチなんて汚いものを出してはいけません」と抑えたりはしませんね。そんなことをしたら子どもが病気になるのは目に見えています。ですから出させてあげるんですけど、そのときに「出し方の作法」「出し方の知恵」を教えてあげる、あるいは思いっ切り「出せる場」を用意してあげる。それが大人としてできることなのです。そのときにウンチそのものをうまく出せないで便秘になっているなら、しっかり出せるからだにする「手当て」をしてあげればいいということなんです。

手当て【便秘の手当て】

仰向けに寝た子どもの両足の親指をもって、下腹部に向かって足を折りたたむようにしてグーッと押さえる。相手が押し返してくるのを待ってパッとゆるめる。これを何回かおこないます。ポイントは力の集まる焦点が下腹部に向かうことです。足を押す方向が上にずれると、腰が丸まり、焦点も上のほうにずれてしまって、効果がありません。相手の足の親指の付け根の部分で、押し合いっこするようなつもりでやってみてください。

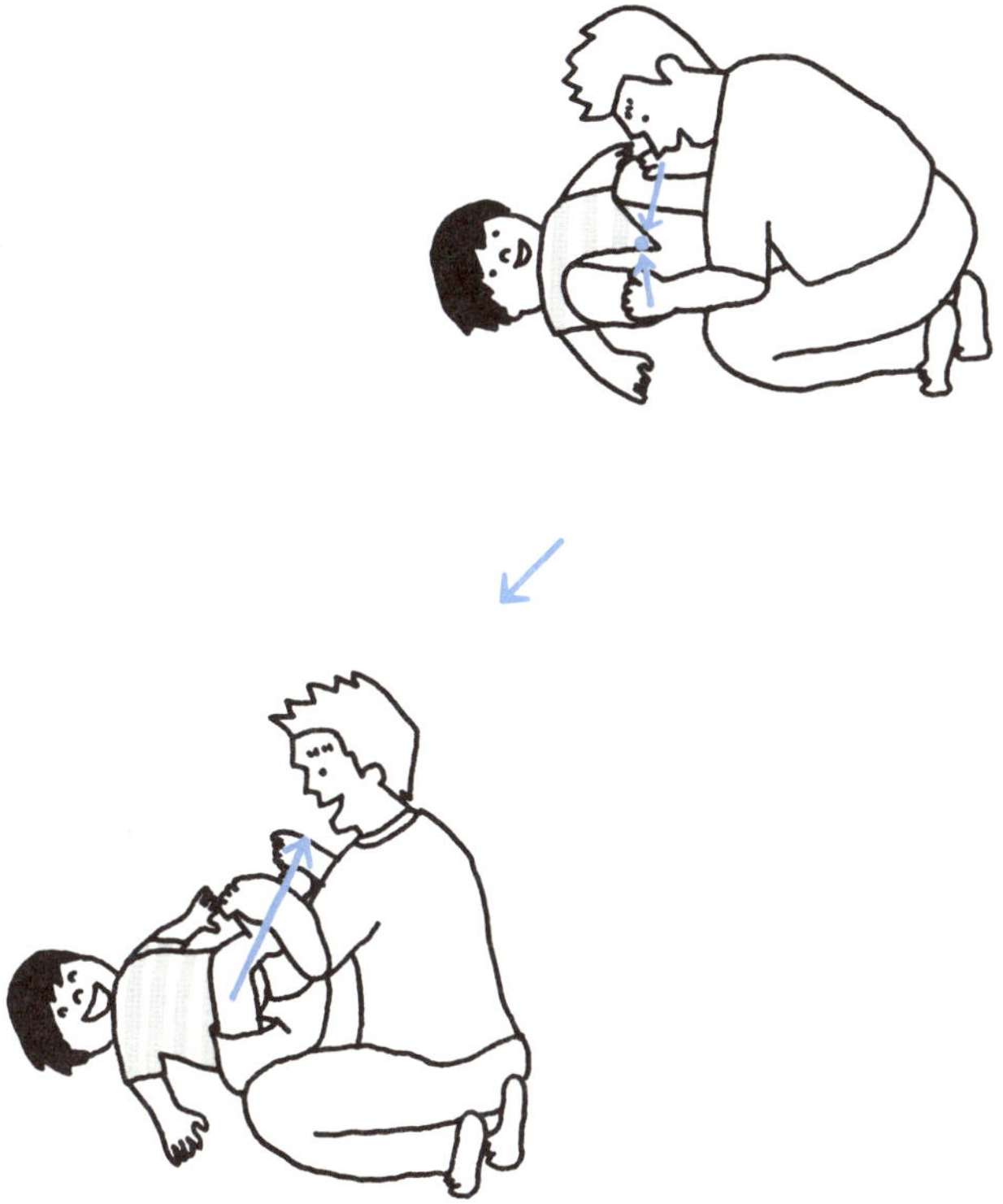

わらべ唄は大人にも必要

からだから出てこようとしているもの、表現されようとしているものを出し切ることが大事なのは大人も同じです。わたしはおかあさんたちに、「どうしてもイライラしたら、包丁を研いでみたらどうですか」なんていうことがあります。「テーブルに大きな砥石をドンと置いて、包丁をシャッと取り出したら、そこでシャーコシャーコと……」。そういうとみなさん大笑いされますけれど、でも大事なんですよ。ひとは何かに託して、何かに込めて、自分を表に現わしてゆくことができます。包丁に自分自身を託して、研いで磨いていくことで、自分を研ぎ澄ましていくことができる。

梅雨になると「テルテル坊主をつくるといいですよ」とよくいうんですけど、人型のものに針をプスプス刺したり、ひもで首を縛ったりするのも、なかなか気持ちがスカッとするものです。つまりそこに何かの見立てがあって、動いているものがあるんです。プスッと刺したり、ギューッと絞めたり、軒下に吊るしたりね。そんなこと考えたこともないかもしれませんが、でも、それが民話やおとぎ話の手法なんです。それらで描かれていることは、よくよく読んでみるとけっこう怖かったり残酷だったりします。でもあんまり生々しくならないように、「ババ汁にして食べちゃいました。チャンチャン」みたいにさらっと語られます。装いはファンタジーでも、動いていることは生々しかったりする。わたしたちの意識はそういうことにほとんど気づかなくとも、無意識では感じています。意識ではファンタジーを読んでいても、無意識ではそこで動いているリアルを感じている。そうやって自分の中の暴力的な部分を民話やおとぎ話に託して表に現わしてゆく。それはひとつの「出し方の技術」です。

昔の子どものあそびにも、そういう方法はふんだんに込められています。「花いちもんめ」とか「ことろことろ」とか、どれも愉快にたのしくリズミカルにやってますけれど、やっていることは「仲間外れ」だったり「子どもの奪い合い」だったり「殺し合い」だったりするわけでしょう。現実にやってしまったらたいへんなことを、あそびの中で、ごっこの中でおこなってゆく。そうすることで、いろいろなものをきちっと表に現わしている。昔の子どものあそびの中には、そういう知恵がふんだんに詰まっています。

「掛け合い唄」なんていうのは「呼びかけ」と「受け」があるでしょう? だからちゃんとコミュニケーションになるようにできている。イヤな感情は、そのままことばにしたら生々しすぎて人間関係が険悪になってしまうかもしれませんけれど、唄にしてうたうことで囃し立てることになるから、そういう状況になりづらいんです。しかも掛け合いになっているから、相手もそれに対するアンサーソングがちゃんとある。それを知ったときに「よくできているな」とホントに感心しました。

たとえば、みんなでケーキを取り分けたら、自分のだけちょっとちいさいとか、ホントに取るに足らない些細なことってあるでしょう? でもそのときに「ねぇ、わたしのだけちっちゃくない?」っていえればいいけれど、なんだか浅ましいようでいえない。で、ニコニコしながら黙っちゃう。するとその不満が残って、次の日、お夕飯の買い物ついでについついケーキを買いすぎちゃうみたいな行動になるわけでしょう。それで食べすぎて「最近太っちゃって……」とかいう愚痴になる。「太った」とかなんとかそういうことなら、みんなにも気兼ねなくいえますからね。不満のカタチがずれる。ですから、そういうちょっとしたことでも掛け合い唄みたいにして、「おいおい、あたしのちっちゃいよ」みたいなことを笑っていえる作法があるのは素晴らしいことだと思うんです。で、「いやいや、そこはいちばんうまいとこ」みたいな返事が来たりしてね。

そういう掛け合い唄のようなやりとりも、狭い村社会の人間関係の中で、お互いに禍根を残さないように作り上げてきたのかもしれない。日本人はことばのコミュニケーションが下手だっていわれますけど、昔はいろいろなカタチでコミュニケーションをおこなっていたのだと思います。

世界を動詞で語ってみる

以前、「夫が不快なときに『チッ』と舌打ちをするのだけれど、それが本当にイヤでくたびれてしまうんです」と相談を受けたことがありました。似たようなことはしばしばあるかもしれませんけれど、そういうことってなかなか解決策が見つからないものです。それでわたしは、その方にいいました。「そうですね……。じゃあ今度、お連れ合いが『チッ』と舌打ちしたら、『パッ』と言い返してみてください。『チッ』といわれたら『パッ』。すぐさま返す」。そうしたらその場で真剣に聞いていたひとたちがみんな、いっせいにゲラゲラ大笑いしてました。

わかります？　なんてことはない。要はわたしは彼女に「チーチーパッパ」のやりとりをお伝えしたんです。向こうが「チッ」なら、こっちは「パッ」です。つまり「掛け合い唄」なんです、それは。ふたりのコミュニケーションを成り立たせたんです。なんだかふざけているようですが、彼女を含め、その場にいるみんながいっせいに笑ったということは、わたしのいっている意味が「わかった」ということなんですよね。「ああ、そっか」って、どこかで感じたということです。だからその方も「帰ったらやってみます」と笑顔でいってくださいましたけど、そういうふうにしてきちんと「めぐる」ようにしてあげるというのは、頭ではなくて、からだのレベルでとても大切なことなんです。

頭ではわかりませんよ。「チーチーパッパ」なんてなんの意味もあるわけない。でも、そうじゃないんです。やりとりされること、めぐることそのものが大事なんです。わたしはそれを「動詞の世界」といっていますけど、「何が」めぐるかが大事なんじゃなくて、何かが「めぐる」ことが大事なんですね。生命の根本は、まずそこにある。そういう見方ができるようになってくると、いろいろなものが違って見えるようになってきます。世界を動詞で語ってみる。そういう「ものの見方」がある。

この「世界を動詞で語ってみる」というのは、新しい「ものの見方」をしてみるためには、とてもよい方法です。たとえば「夫婦」というものを動詞で語ってみましょうか。さあ、みなさん何か思いつきますか？「支える」「並ぶ」「向き合う」「寄り添う」「結ぶ」……。こんなことを書くと

「戦う」とか「奪う」とかが出てくるひともいるかもしれませんね。まあ、そうやって夫婦という営みをいろいろな動詞で語ってみることができます。ことばあそびのようなものですが、動詞で語ってみると、また別の視点から見えてくるものがあります。自分たちの関係はどんな動詞がピッタリくるのか。少し考えてみるとおもしろい。わたしはボディワーカーですので、その「動詞」をさらに「動いてみる」ということを講座の中でやったりもします。せっかくですから「夫婦という動詞」をボディワークとしてやってみましょう。何せ動詞ですから、ボディワークにはもってこいなんです。

ワーク【背中合わせの対話】

まずは背中合わせで座ってください。足はあぐらをかくか、まっすぐ投げ出します。お互いの背中をピッタリとつけて、気持ちのいいリズムでゆらゆらと左右に揺れます。ふたりの背中がまるでひとつの背中のように感じられるようになってきたら、ひとりがもうひとりの背中に寄りかかっていきます。そのとき首もすっかりゆるめて、相手に完全に寄りかかります。下で受け止めているひとは手をついてもいいので、上のひとをしっかり支える。

ゆらゆら揺れながら、しばらくそれを味わいます。しばらく味わったらゆっくり起こして最初の位置に戻る。交替しながら、何回かおこないます。

↓

さあ、わたしはこのボディワークで夫婦をなんの動詞として語ってみたんだと思いますか？　すぐわかりますすね。そう、「支え合う」です。「支え合う」を動いてみたんです。それも「交互に」「背中で」「支え合う」というカタチで動いてみました。それは「夫婦というのはそういうものなんじゃないか」という、わたしなりに動詞で語ってみたワークなんです。

夫婦はもとは他人同士ですから、一緒に暮らしていこうとなるといろいろあるかと思います。ですが、そこでコミュニケーションが途切れてしまうと、先ほどの「チーチーパッパ」の話じゃありませんけれど、何かが病んできてしまう。でも、面と向かって何かをいうのは日本人は苦手なひとが多い。だったら「背中で語ろう」ということなんです。お互い無防備な背中をゆだね合って、ゆらゆらと心地よいリズムを保ちながら、ときに支え、ときに支えられ、そして背中の温もりを感じ合う。それがそのまま夫婦という営みなのではありませんかという、わたしなりのメッセージなんです。

おもしろいのは、そのときによって「支える」ほうが気持ちいいときと、「支えられる」ほうが気持ちいいときとあるんですね。それはからだの素直なメッセージですから、そのままことばにしてみればいいんです。「いまは支えてもらうのが気持ちいい」って。それで相手も「いいよ。支えてあげる」と答えてあげたなら、それはもう夫婦で素直な対話がおこなわれているということでしょう？　そうしたらしばらく相手を支えてあげればいいんです。「もう大丈夫」と起きてくるまで支えてあげればいい。面と向かっていえなくても、背中合わせで語れることがある。からだの感覚として、そこに託して語れることがある。わたしたちはそうやって、いろいろなカタチで、いろいろなレベルでコミュニケーションできるんです。現代人はコミュニケーションの手段を「言語」だと思いすぎていますが、どんなモノでも、どんなコトでも、メッセージを込めた「ことば」になりうるんです。ですから空想力を広げてコミュニケーションというものを、もっともっといろいろなレベルでおこなってほしいと思います。

排泄が芸術になる

自分の中で動いていることをきちんと表に出すこと。そして人間関係においては、それがお互いにできること、つまり出したものがお互いにめぐること。それがわたしたちが健やかでいるためにはとても大切なことなんです。一方通行ではダメなんです。挨拶したのに返事がない。お金を貸したのに返ってこない。どちらもいけません。からだがメッセージを出している。子どもがメッセージを出している。なのに無視して返事をしない。それもやっぱりいけません。便が出せない、汗がかけない、そういうめぐりが滞っているところ、流れの止んでいるところが、まさしく病んでくるんです。水も流れているうちはきれいに澄んでいますが、流れが止んで滞ってくると、濁って淀んで腐ってきます。流れているうちは自然浄化作用が働く。それはからだも人間関係も自然界も同じです。

「子育て」という観点から語れば、そういう「めぐるからだ」「排泄できるからだ」「表現できるからだ」を育てていくことが大事なわけですね。やはりからだというものが人間の根本としてありますから、大人になってからきちんと排泄できるようになるためには、もっともからだが育つ幼少時に「排泄できるからだ」「表現できるからだ」を育ててゆく必要があります。「排泄できるからだ」とは、熱を出し、汗をかき、便を出し、感じたことを表現でき、思ったことを行動できるからだです。そういうからだは非常に代謝がよく、またメぐりがよい。ですから余分なものを抱え込みすぎずに、非常に風通しのよい状態でいることができるんです。

「健康である」ということは、何があっても動じないということではありません。整体はそんなからだを目指しているわけではないのです。むしろ何かあったらすぐ揺れる、ちょっとした変化にもすぐ反応する、そんなからだを目指しているのです。それはある意味、「傷つきやすいからだ」ともいえるかもしれません。何かに「傷つく」ということは、そのまま何かに「気づく」ということです。「傷つかない／気づかない」からだは何も変わることができませんが、「傷つく／気づく」からだは変わっていくことができる。わたしたちは何かを感覚するとき、つねにちいさく傷ついているんです。そのちいさな傷とちいさな治癒のくり返しが、わたしたちの感覚を支えている。からだが「傷ついた／気づいた」ことをしっかり表に現わしてゆくことが、「排泄する」「表現する」ということの意味なのです。

理想的なことをいえば、さまざまな自分の中からの排泄や表現の方法をどんどん練り上げていって、それがある種の芸術行為にまで高まってゆくと素晴らしいんです。たとえば怒りの感情が湧き起こってきたときに、そのまま相手を殴るという単純なカタチで表に現わしてしまったら、ひとを傷つけることになってしまいます。ですが、その怒りの表現を粘土や絵画や歌や踊りに込めていけたらどうでしょう？　それはきっと観る者のからだを震わせ、こころを突き動かすものにまでなってゆくはずです。

芸術が観る者を打ち震わせるのは、そこに込められた「その表現のカタチに至るまでの作者の内的な葛藤」にわたしたちが無意識に感応し、体感しているからなのです。高められた表現行為、排泄行為は、そのようにして観る者のからだやこころに響き、そこにひそんでいる表現されるべきもの、排泄されるべきものを、グラグラと揺さぶります。そこではすでに、観る者の排泄を誘発する治癒的な作用が働きはじめているのです。ですから、よい表現者はみな、よい治癒者であり、よい教育者たりうるのです。それはわたしたち大人がみな目指すべき方向性といえるでしょう。

第三講

手当てのこころ

整体の手当て「愉気」について

第一講、第二講では大まかに子育てについて、整体的な考え方をお話ししてきました。この講では、具体的に家庭でできる整体的な手当てとそのコツをお伝えしていきたいと思います。

わたしたちは歯が痛いときには歯を押さえ、おなかが痛いときにはおなかを押さえ、また苦しそうにしているひとがいたら、背中をさすってあげたり、手を握ってあげたりします。それらの行動はだれに習ったわけでもないのに自然と出てしまいます。それはわたしたちが本能的におこなっている自然の手当てであって、自然界を見渡せば、動物たちもまた傷をなめたりしながらおこなっていることです。

整体では、その自然の手当てを積極的に活用していこうとするのですが、それを「愉気《ゆき》」といいます。相手のからだの気になるところに手を当てて、手のひらで呼吸をするように集注する。余計なことは考えず、むしろ頭はポカンとさせたまま、ただ相手のからだをひたすら感じるように集注してゆく。それが整体の愉気です。こちらから何か積極的に働きかけてゆくというよりは、そこで起きていることを感じてゆくことが大事です。

わたしはそれを「聴く手」と呼んでいますが、そこでおこなわれているからだの営みをただひたすらに聴いていくような、そんな構えで相手のからだにふれてゆくのです。ポカンとして手をふれていると、ふっと手を当てたくなる場所が出てきたり、あるいは思わず手が動いてしまったりすることもありますが、その手の動く通りにふれていって構いません。そしてなんとなく手を離したくなったら、手を離す。あるいはふれているところが汗ばんできたら離す。あまり難しく考えずに、自然なままに手を当てればいいのです。それが愉気の基本です。

いちばん気をつけるのは打撲

さて、それでは最初に「打撲」についてお話ししていこうと思います。子どもは熱を出したり、鼻血を出したり、成長する過程でさまざまな変動を起こします。その中でも打撲は、思っている以上にからだに大きな影響を及ぼし、さまざまな変動につながります。昼間の打撲が、夜中の発熱や激しい咳込みにつながることもあるし、ちいさい頃の打撲が、大きくなってからの病気や変動につながることもある。ときにその変動は20年以上経ってから現われることもあるので、そのときにはもはや打撲の影響とは思いもつきません。なぜ打撲がこれほど大きな影響を及ぼすのかというと、そこには「速度」が関係しているのです。

打撲と病気の最大の違いは、「速度」です。病気がゆっくりつくられるものだとしたら、打撲は一瞬です。第一講で「リズム」についてふれましたが、病気はどんなものであれ、ある意味自分のリズムに近い中でつくられてゆくのに対して、打撲はまったく異なるリズムでやってきます。そのあまりに速い速度は、わたしたちのリズムを大きく狂わせます。脈や呼吸が乱れ、からだじゅうがさざ波立って混乱します。いってみれば、その「速度」こそが打撲の本質なのかもしれません。

　あまりに急激なショックを受けたあとの子どもを見れば、その混乱ぶりがよくわかることでしょう。まるで火が消えたかのようにいつもの明るさが消え、どこかちいさく縮んでしまったような、からだだけが抜け殻のようにポツンとあるような、そんな雰囲気を帯びています。泣き出せればまだいいのですが、泣くことすらできないほどのショックだと、本当に大きな影響を受けているということなのです。

　とくにあかちゃんのように外界の刺激に対して無防備に開かれている状態では、速度による影響をダイレクトに受けてしまいます。たとえば急に近くで大きな音が鳴ったとか、すごい勢いでパッと抱き上げられたとか、そういうものも速すぎるとまるで打撲のように、からだにショックを与えることになるのです。そういう刺激を受けたあとのあかちゃんは、鳩尾《みぞおち》が硬くなっていて、抱き上げるとふっと軽く感じます。それはショックを受けて緊張している証拠なのです。ですから、とくにちいさいあかちゃんと接するときには、「抱っこするよ～」などと必ずことばかけをしながらふれてゆくことが大事です。「打撲」とひとことでいっても、それは物質的なショックに限りません。心理的なものであれ、感覚的なものであれ、運動的なものであれ、「速度」次第では、さまざまなものが打撲的な影響を与えることがあるということなのです。

脈と呼吸で打撲の程度を見極める

以前、「引っ越しをしてから子どものおなかの調子がよくない」と相談を受けたことがありました。詳しく聞くと、子どもが「おウチへ帰ろう」とつぶやくなど混乱しているようすだったので、「ああ、これは引っ越しの速度が速すぎたな」と思ったことがありました。おそらくその引っ越しに、いろいろな意味で、子どもの速度ではついていけなかったのでしょう。

子どもにとってはあまりに急激すぎて、混乱したままになってしまっていた。それもいってみればある種の打撲なわけですね。引っ越しなんていうのは、大人にとってはただ住まいが変わるだけのことかもしれませんが、子どもにとっては世界が変わることなんです。ですからそのときは、おかあさんに「引っ越しの儀式」をしてもらいました。何をやってもらったかというと、部屋に神棚のようなものをつくって、そこにお供え物やら何やらを置いて、「これからここに住まわせてもらいます。よろしくお願いします」と、子どもといっしょに挨拶してもらったんです。

挨拶の相手は、おウチの神様だか仏様だか妖精だか妖怪だか……なんでもいいんですけれども、とにかくきちんと挨拶してもらったんです。そして「これからここが新しいおウチだよ」と、具体的なカタチとして子どもに示してもらった。そうやって何か大きな変化があるときには、子どもの速度に合わせた物語が必要になります。そのあと子どものおなかに愉気してあげたら、おなかの調子もよくなり、混乱したようすも収まったそうです。

そんなふうに急激な速度というのは、大人の思いもよらぬカタチで子どもの身心にさまざまな影響を及ぼすことがあります。それが「打撲に気をつける」という意味なんです。とくにその影響が大きいときには、先ほどもいったように脈と呼吸が乱れます。わたしたちはふだん、「吸って吐いての1回の呼吸ごとに四つの脈を打つ」というリズムで生きています。この脈と呼吸のリズムを「一息《いっそく》四脈《しみゃく》」といい、人間の自然のリズムなんです。このバランスが保たれているときには、自然治癒能力が最大限に発揮されるのですが、打撲の影響が大きいときは、このリズムが乱れてしまいます。それはあらゆる変動の中でも、もっとも注意を要する状態なのです。

ケガの痛みは丸ごと受け止めてあげる

　さて、打撲の具体的な手当てですが、まずは「痛いよ！」といってきたその子を、丸ごと包み込んであげるようなつもりで受け止めることが大事です。その最初の受け入れは、打撲のその後の経過の大きな変節点になりますから、そこをかけ違えてしまうと、余計な変動を引き起こしてしまうことがあります。とくに注意の集注要求が高まっているときには、子どもはホントにちいさなケガでも見せに来ますから、「こんなケガ大丈夫よ」なんていって取り合わないと、ますます泣いて訴えてきたり、あるいはしばらくしてからもっと大きな別のケガを引き起こしたりします。

　だからまずはその子の気持ちに「痛かったね」と寄り添ってあげる。そのときのことばかけのコツとしては「痛かったね。熱かったね」と過去形で語りかけることです。「痛い」という訴えを受け入れ寄り添ってあげながら、それを過去のこととして流してあげる。認めながら、ずらしていってあげる。いきなり否定されては、子どももますますそこにこだわらざるをえませんが、受け入れながら流してあげることで、満足して次へと進めるのです。そうして受け入れてもらって、しばらく集注してもらっていると、そのうちショックが抜け、呼吸が落ち着いてきます。

するど手当ても次の段階に入ります。最初は打撲のショックにからだもこころもさざ波立っていますが、それが落ち着いてくると子どもの中で「いま何が起きたのか」ということが動きはじめます。「どうしてケガをしたのか」「だれのせいなのか」、そういう「物語」が動きはじめるのです。手当てをしてゆく際には、大人はその大きな意味での「ケガの文脈」を意識してゆくことが大事です。ケガはあくまで肉体的なものですが、その文脈においては気持ちや感情も混じってくるのです。

ひとりでケガしたのと、みんなの前でケガしたのとでは違いますし、自分でケガしたのと、だれかにケガさせられたのとでも違います。そこには「ケガの文脈」「ケガにまつわる物語」がある。ですからからだの手当てと同時に、こころの手当てもしていかなくてはならないんです。「あの子のせいでケガをした!」なんていう気持ちがあると、なかなかそのケガから離れることができません。するとケガはいっそう痛むし、しかもなかなか治らないということが起きるんです。そしていつまでも痛みを訴えたりする。

「ケガにこころを残さない」とわたしはよくいうのですが、ケガにこころが残っていると、痛みの程度や治りにまで影響が出ます。ですからケガに対する恨みや未練のような執着してしまうこころを外してあげなければなりません。ひとは自分の物語を受け入れられないと、ますますその物語に執着して、そこから動けなくなってしまいます。ですから、その子の中で動いている物語を尊重してあげることが大切なのです。

こころの角度を変える

ケガの訴え方が大げさな場合、それは「注意の集注要求」であることが考えられます。そのときは、こちらもたっぷり気をかけて愉気してあげることが大事ですが、ひとつだけ気をつけなければならないことがあります。それは相手のケガの訴えにあまり付き合いすぎないことです。付き合いすぎると、逆にケガや病気の傾向を育ててしまうことがあるのです。

ケガや病気を訴えてきたときに、それに対してきちんと返事をすることは大事です。しかし、相手の要求のままにケガや病気に気をかけすぎると、注意の集注要求が高まるたびにケガや病気を訴える、ということにつながりかねないのです。たっぷり気をかけてあげなくてはいけないのですが、その子のケガや痛みの訴えに捉われすぎてもいけない。なかなか難しいですね。でも体育という観点からしたら、とても大切なことです。病気の傾向を育ててしまうのでは、それは体育とはいえません。そのためには注意の焦点を意識して、その気をかける焦点をずらしていってあげるということを考えなくてはならないのです。

たとえばわたしは「おなかが痛い」と訴える子どもに手当てをしてあげるときは、「そうか。おなかが痛いのか……」といって、しばらくおなかに愉気します。そのあと、「おなかが痛いときはね、ここを押さえるといいんだよ」といって足のほうをさわる。冷えたときの手当てのポイントで、足の三・四指間《しかん》（中指と薬指の間）というのがあるのですが、腹痛の急所でもあるんですね。そこを「ここがね、腹痛のときの急所なんだ」といいながら、ちょっと押さえてみる。そして「ここ痛いね」とか「右足と左足、どっちが痛い？」とか聞いて、本人に足を意識させながら、じっと押さえる。するとその子もだんだん落ち着いてくるので、「痛くなくなってきたね～」なんて聞くとコクリとうなずいて、そのうち笑顔になってすっかり元気になる。

その一連の手当てのやりとりは、もちろんからだの手当てでもあるのですが、同時に心理指導でもあるのです。つまり最初の時点で「腹痛」というおなかのあたりに焦点があったものをまず認め、しっかり集注してあげたあとに、焦点を足先にひょっともってきて、今度はそちらに気をかけ、本人にも意識させる。足先のほうに意識を向けているうちに、おなかから気が逸れてくるので、そんなところにひょっと「ほら、ゆるんできたね」と声をかけてあげると、「からだがどんどん変化していく（治っていく）」という方向に、子どもの空想が動いていくんです。焦点を少しずつずらしていってあげることで、こころの角度を変えていってあげている。それはからだとこころを同時に手当てしているということなのです。

「痛いの痛いの飛んでいけー！」なんていうおまじないもありますが、その子の「気の焦点」をふっと動かしてゆくこと。とくにケガに何か別の要求や不満のようなものが乗っているときには、痛みの訴えに執着しやすい傾向があります。「注意の集注要求」と「ケガや病気の訴え」という、そのふたつがくっついてしまうことを「未練症状」と呼んだりしますが、そうすると経過が長引いてしまうのです。ですから、そういうときには「こころの角度を変える心理指導」が必要になります。注意の焦点をずらして、ずらしたところでいっぱい気をかけてあげる。そうすれば、未練症状が残るようなことはなくなります。

風邪のときの過ごし方

さて、ざっとではありますが打撲の手当てについてお話ししてきました。ここからは病気の手当てについてふれていこうと思います。基本的には病気も、その手当てのこころは変わりません。つまりまず受け入れて、寄り添って、息を合わせて手を当てる。そして落ち着いてきたら、新しいことを空想できるように、こころの角度を変えてゆく。その過程でからだがおこなおうとしていることがあったら、しっかりやらせ切ってあげる。ケガであれ病気であれ、その手当ての基本的なスタンスは変わらないのです。

基本的に風邪も含めてあらゆる病気はだいたい「発熱」という現象を伴います。「熱が高くなる」というのは、からだの中の代謝が高まっている証拠ですが、それはいままで何度も書いてきたように、しっかり出し切ることが大切です。その過程で必要な代謝と必要な排泄が促進されるので、しっかり全うさせてあげる。必要な熱が出せると一気に汗をかき、老廃物を排出して、スッと熱が下がります。それがなんらかの理由でうまく熱を出せないと、いつまでもぐずぐずと微熱が続くのです。そういう場合は熱を出し切るお手伝いとして、後頭部の愉気（37ページ参照）か温湿布をおこなうとしっかり出し切れます。

しっかり熱を出せると、いっときグンと熱が上がって、そこからバーッと汗をかきはじめます。そのときかく汗は、運動したときにかく汗とは違って、解熱と排泄のための汗です。さわってみるとわかりますが、排泄の汗は老廃物を含んでベタベタしています。それがサラッとしてくるまで出し切ります。汗がサラッとしてきたら排泄が済んだと見ることができるのです。ベタベタした汗が出ているうちは、ときどきからだを拭いてあげて、汗がサラッとしてきたら、服を着替えさせてあげるとよいでしょう。

その汗による排泄をいちばん阻害するのは「冷え」です。ですから、からだを冷やさないことはとても大切です。排泄の汗をかいているときにからだを冷やすと、皮膚の下で準備されていた汗が引っ込んでしまいます。すると、それが下痢や発疹や頭痛や腹痛といった、さまざまな変動につながってくるのです。整体ではそれを「汗の内攻」といいますが、風邪の経過を乱す大きな原因のひとつです。

汗をかくというのは非常に大きな意味があって、どんな経過も汗がしっかり出せるかどうかが、ひとつの目安になります。汗がバーッと出てきたら、経過も山場を越えて後半部に差しかかったと見ることができます。また変動のときは食欲が落ちるものですが、これはからだの要求に従って落として構いません。ただし、水分だけはしっかり取るように気をつけてください。

病気を活かしたからだ育て

汗をしっかりかくと、だんだん熱が下がってきますが、たいていの場合、平熱に戻る前にいったん平熱以下にまで下がる時期があります。平熱を5分近く下がることもある。その時期は子どもの様子や状況によって異なるのですが、だいたい数時間から半日、長くても1日で経過します。その「平熱以下の時期」は、風邪の経過のうちで、もっとも気をつけるべき時期です。

熱が高い時期は、ある意味もっとも体力を発揮している時期であり、ある程度のことは熱の勢いで乗り越えてしまうところがあります。しかし平熱以下の時期というのは、外の刺激の影響を非常に受けやすいのです。ですから整体では、熱が出ている時期はいつも通り過ごさせ、平熱以下に下がったら、むしろ休ませるくらいのこころづもりで看病します。妙な感じがするかもしれませんが、「手当ての機」ということを考えると、そのほうが大事なのです。そこにはからだに対するケアという意味もあるのですが、心理指導的な意味合いもあります。

「平熱以下の時期」というのは、子どもも熱が下がって気分がよくなってくるので、あそびたい要求がうずうずと湧いてくる時期です。そこを安静にするというのは、子どもとしてはあそびに行きたいのに、おかあさんからは「もうちょっと寝ていなさい」といわれることになります。「この時期が大事なんだから」などといわれて寝かされる。この本の中で「要求は全うする」「出てきたものはしっかり出させて抑えない」ということをさんざん書いてきましたが、ここではあえて逆のことをします。それは要求自体をよりいっそう高めるために、あえて抑えているのです。

病気のときにたっぷり看病してもらうと、「注意の集注要求」が満たされます。すると今度は「独立要求」が高まってきて、おかあさんから離れてあそびに行きたくなってくる。それはきわめて自然なことなのです。そういう転換点が平熱以下の時期にあるので、そこが「まだよ」といって抑えるポイントなのです。「まだ寝てなさい」とか「温湿布しなさい」とかいっていっぱい構って、最後にしっかり安静にさせる。病気に対する未練を残させないために、それこそその子の独立を抑えようとするほどに徹底的に構うんです。すると子どもは「もういい」と思って自ら進んで独立しようとしはじめます。病気の経過をさっさと終えて、自分の足で立ってあそびに行こうとしはじめる。そのタイミングで「お、しっかり経過したね。さすが」とかなんとかいって手放してあげるのです。すると、子どももそのときにはもう病気に何の未練もなく、振り返りもせずに前へと歩き出す。そうして「病気というプロセス」全体を通してグンと成長できます。それが病気をひとつのきっかけとした「からだ育て」ということなのです。

子どもの要求を高めるもっとも簡単な方法は、「ダメ」といってそれを抑えることです。「ダメ」といわれるとやりたくなる。「絶対ダメ！」といわれるともっとやってみたくなる。それが人間というものです。ひとに「やっていいよ」といわれたことをやっても、そこにはなんの自発性も覚悟も決断もありません。けれども「やっちゃダメ」といわれたことをあえてやろうというのは、そこには自発性や覚悟や決断があります。

子どもがおかあさんに「イヤだ」といってみたり、「ダメ」といわれたことをあえてやってみようとしたりするのも、子どもの「独立しよう」という要求によるものです。ですから、子どものそういう振る舞いを、決して「自分に対する反抗」と受け取らないでください。たしかに手を焼くことも多いかもしれませんが、それは子どもの成長に伴う自然な振る舞いであり、信頼できる大人だからこそ、その要求を素直に出せているのです。

さて、「打撲」のときと「病気」のときと、大まかに整体の手当てについて書いてきましたが、手当てのコツはつかめましたでしょうか？　くりかえしになりますが、整体の子どもの手当ては「体育」という視点に立ったものです。ですからケガであれ病気であれ、手当てによってその治癒のお手伝いをすることはもちろんですが、さらにはそのプロセス自体を積極的に活用して、子どもを育てていこうという姿勢があります。変動の際に「からだは必要なことをやっていくんだよ」「からだはこうやって治っていくんだよ」ということを、実感をもって教えてあげる。すると、子どもは自分自身のからだの営みを信頼することができるようになっていくのです。さまざまな変動も、それはただ単にマイナスな事象なのではなく、何か必要があって起きているのだということ。そして、それを乗り越える力が自分にはあるということ。そういうことを実践をもって実感をもって子どもに伝えてあげること、それはとても大事な「潜在意識教育」となるのです。

からだとこころを育てる

—亮さんといっしょに手当てのlesson

モデル／今野七菜穂、山本明導

咳の手当て

咳が出ているときには鎖骨のくぼみの首筋側に軽く手を当てて、そのままじっと愉気します。温湿布をしてあげてもいいでしょう。

発疹の手当て

おできや発疹など、皮膚の変動が起きたときには、恥骨に愉気します。

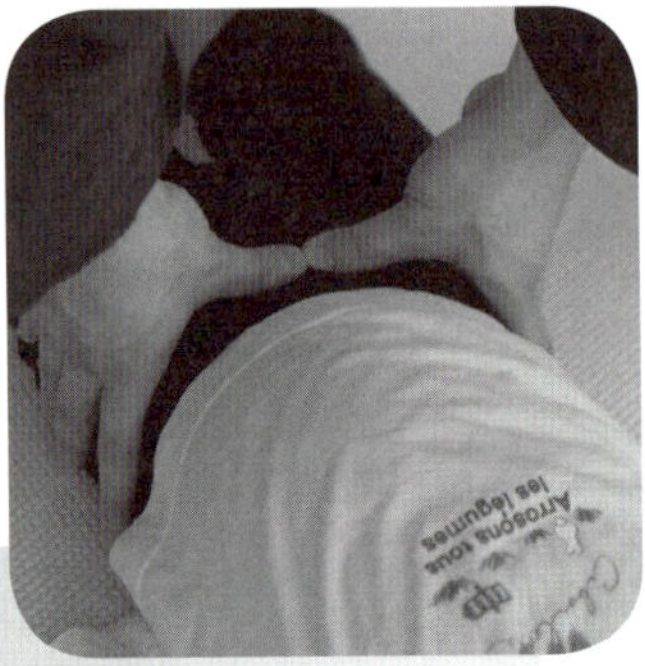

①恥骨のへりに、親指でふれるようにします。ポイントは、真上からではなく、ややおへそ側からふれること。

②そのまま、子どもの腰が軽く反るように、足先側ななめ下方向に、ぎゅーっと押さえてポッと力を抜きます。強く押さえすぎると痛いので、注意しましょう。

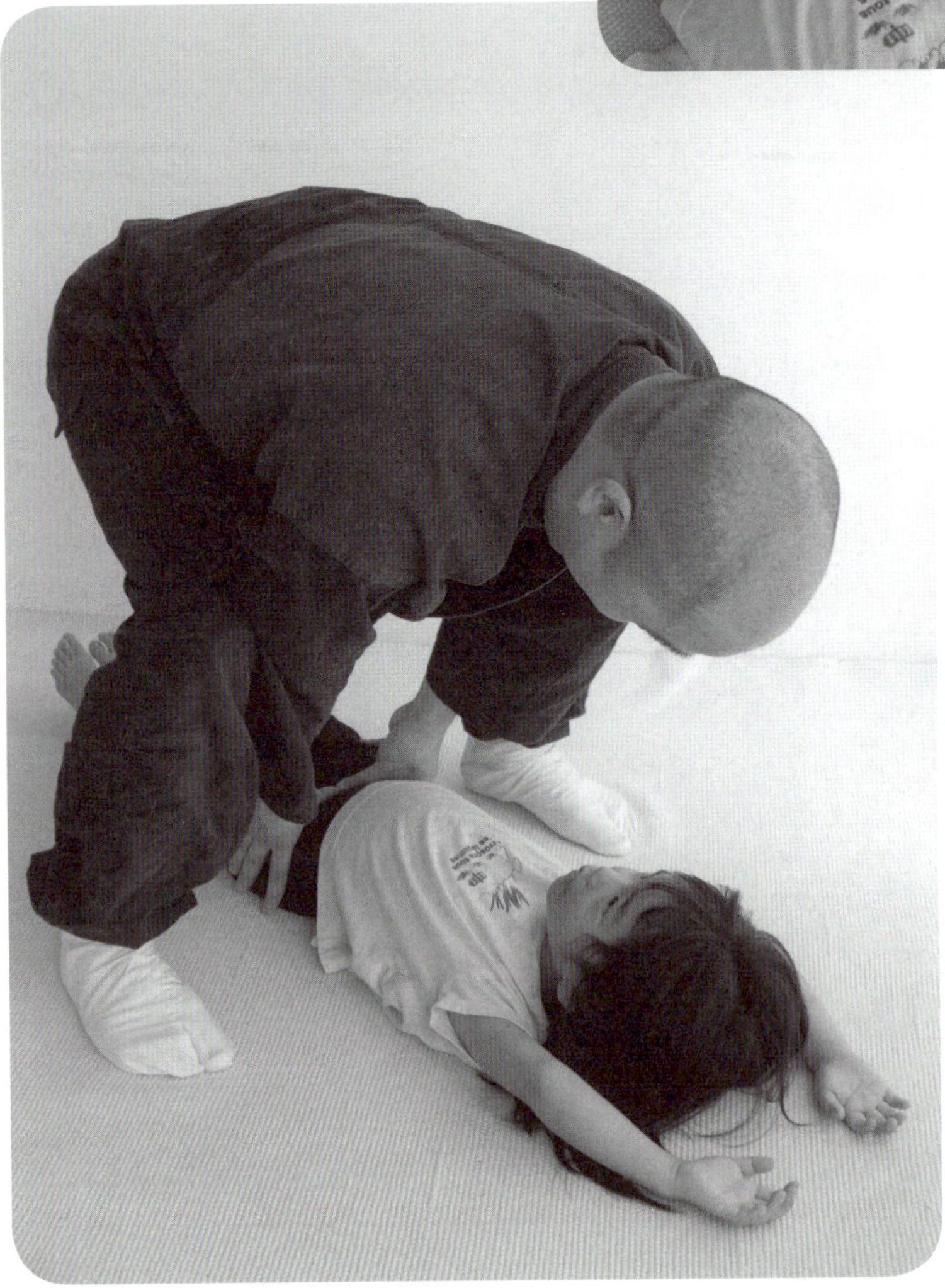

発汗を促す手当て

後頭部の愉気（37ページ参照）と合わせておこなうと、発汗を促します。熱がこもって微熱が続くときや、汗がうまくかけないときにおこなうと、汗が出せるようになって熱の発散もスムーズになります。

子どもを膝の上に座らせたら脇から抱え込むように手を入れ、親指を胸椎五番（111ページ参照）の位置に当てます。胸を開くように胸椎五番をぎゅーっと押さえてポッと力を抜く。これをリズミカルに何回かくり返します。

腹《ふく》心《しん》還《かん》流《りゅう》の愉気

からだがだるいときや中毒状態のときには、肝臓と心臓を合わせて愉気します。

右上腹部の肝臓のあたりと左胸部の心臓のあたりに両手のひらを当て、そのままじーっと愉気します。仰向けでおこないますが、膝の上に座らせておこなってもよいでしょう。

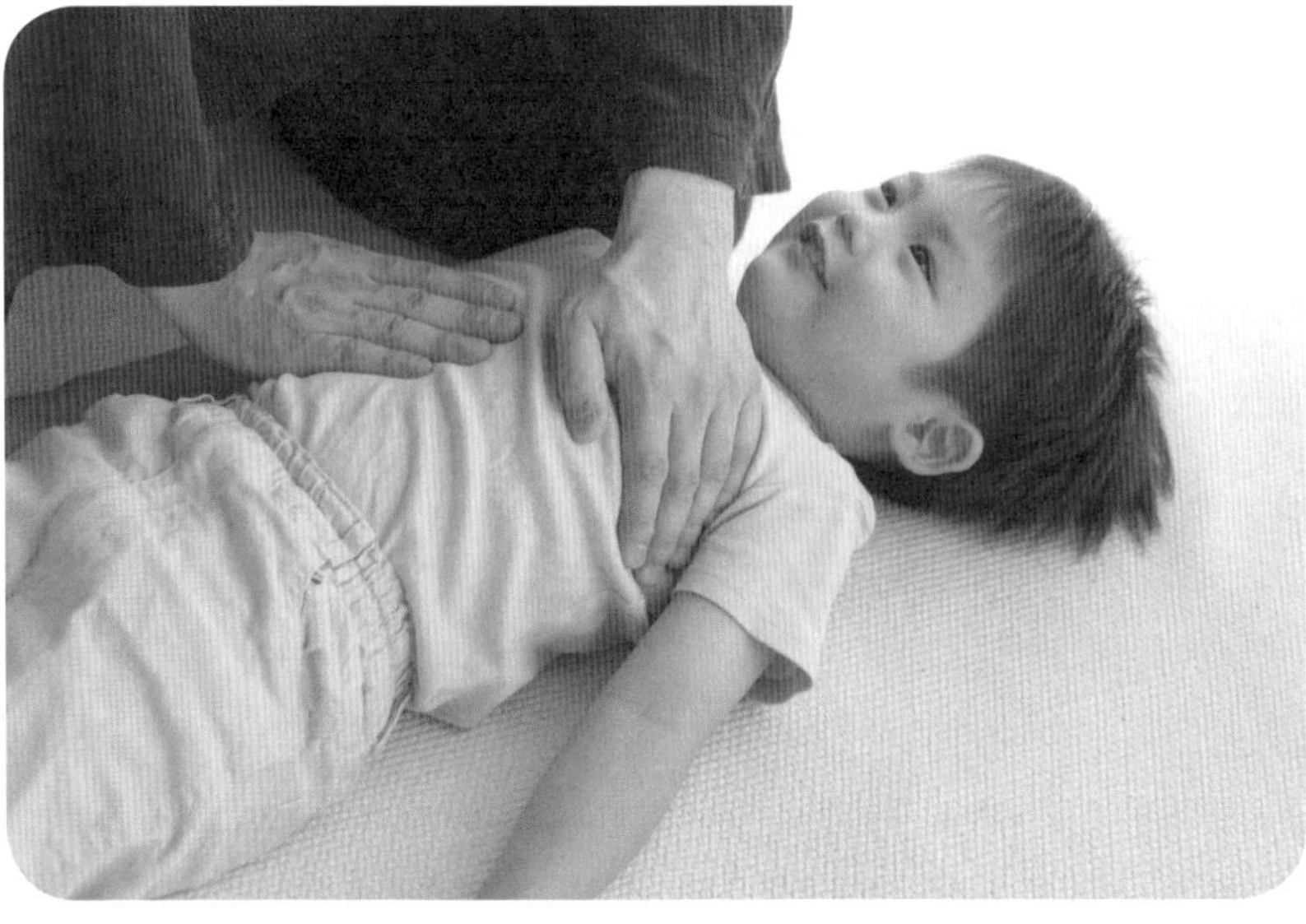

足指引っ張り

息が浅く、疲れやすいとき、あるいは逆に何かくすぶっているようなときには、足の指を1本ずつ引っ張る手当てをおこなうと、息が深くなって抜けてきます。

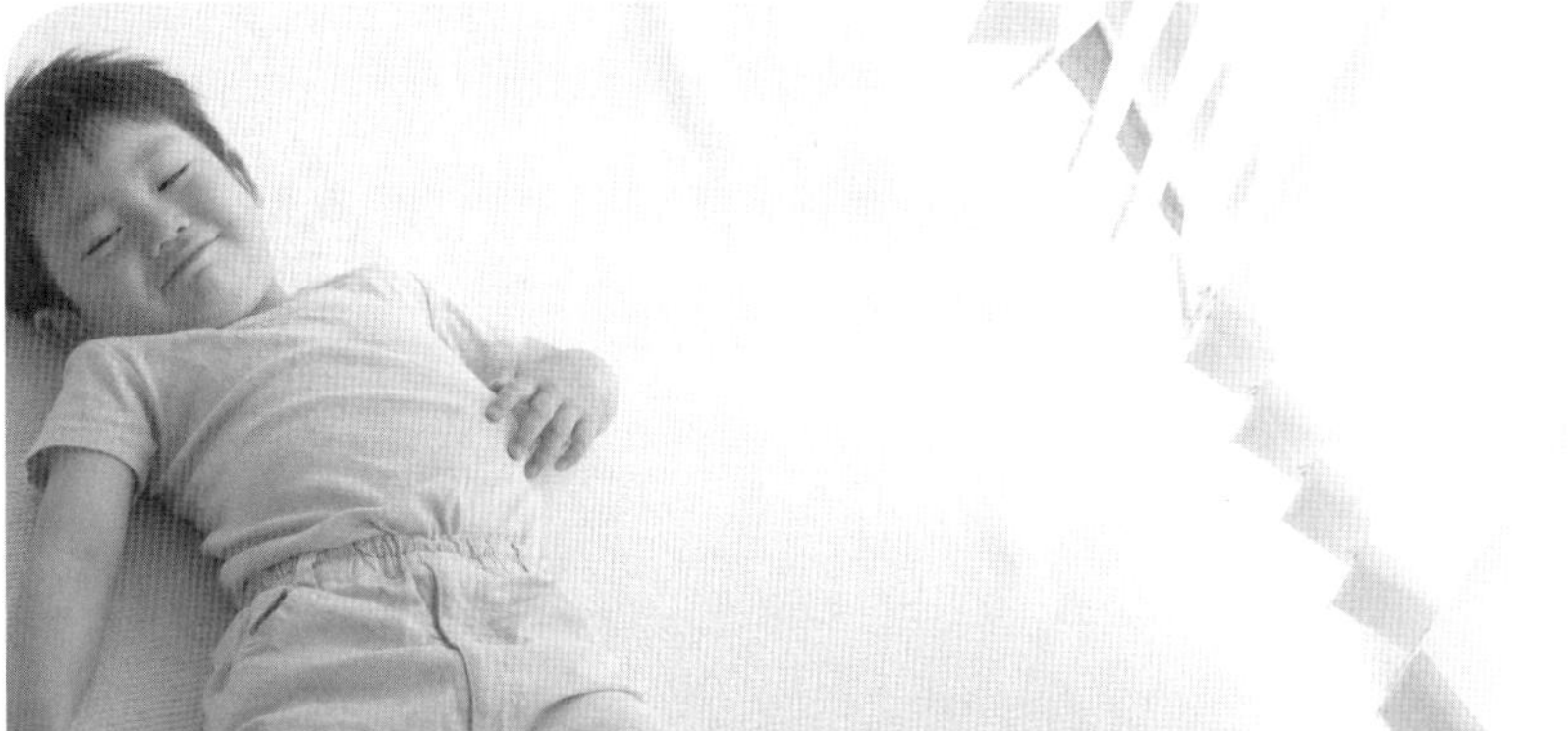

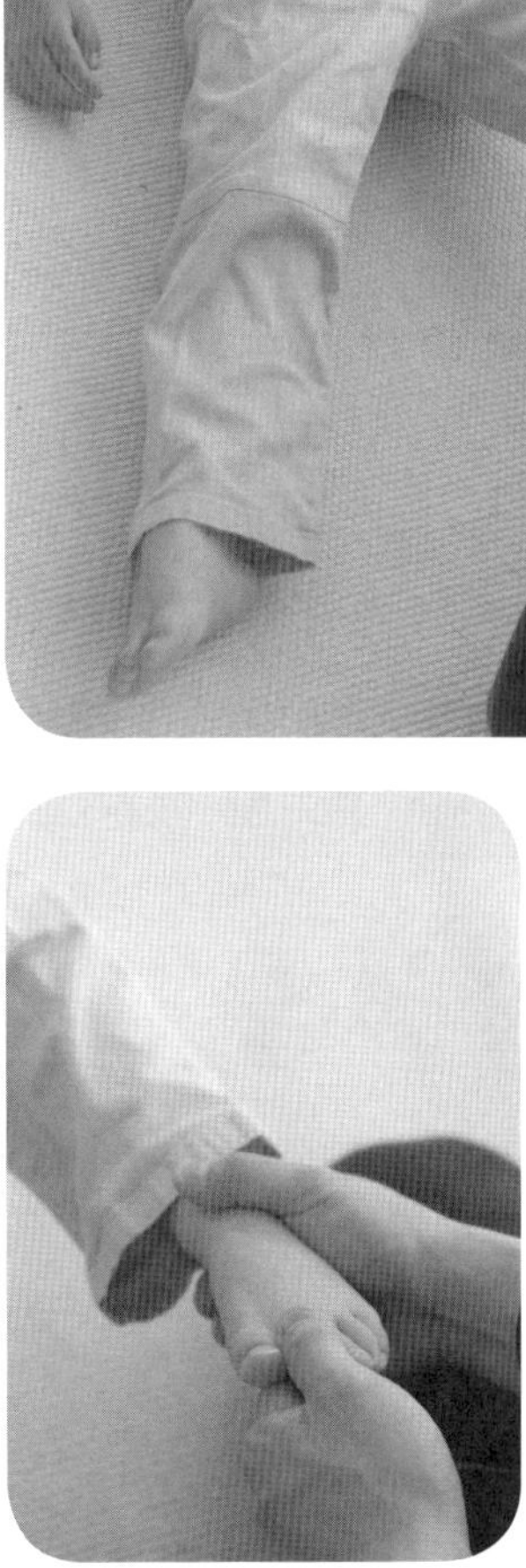

足の裏側を伸ばすように、足の指を小指から順々に親指まで１本ずつ引っ張ります。仰向けに寝かせて、足全体を軽く引っ張るような気持ちで指を引っ張るとより効果的。疲れているときはゆっくりていねいにおこない、くすぶっているときはすばやくスパッと抜くようにおこなうとより効果が高まります。

中耳炎の手当て

中耳炎など、耳の変動のときには、内くるぶしに愉気します。

耳の変動が出ているほうの足の内くるぶしの下に親指を当て、軽く押し上げるようにして愉気をします。

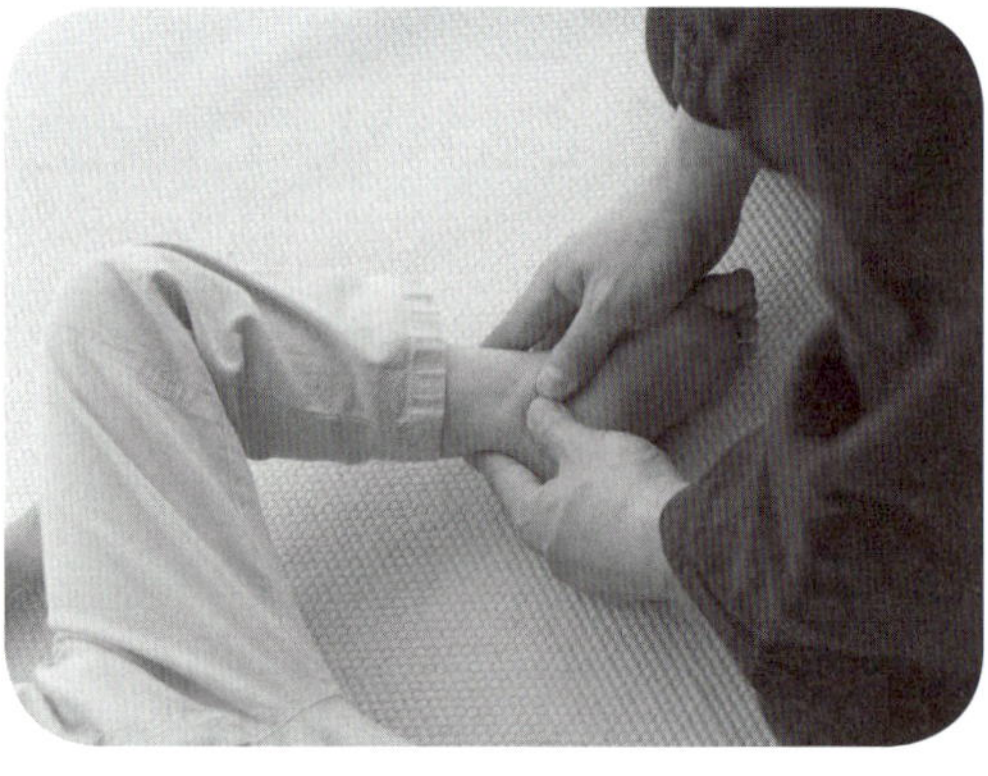

側腹《そくふく》つまみ

40ページでもお話ししたように、聞き分けのなさや強情さは、おしっこの詰まりが原因のときも。左内股をはじく手当ての他にも、脇腹をつまむ手当てがあります。

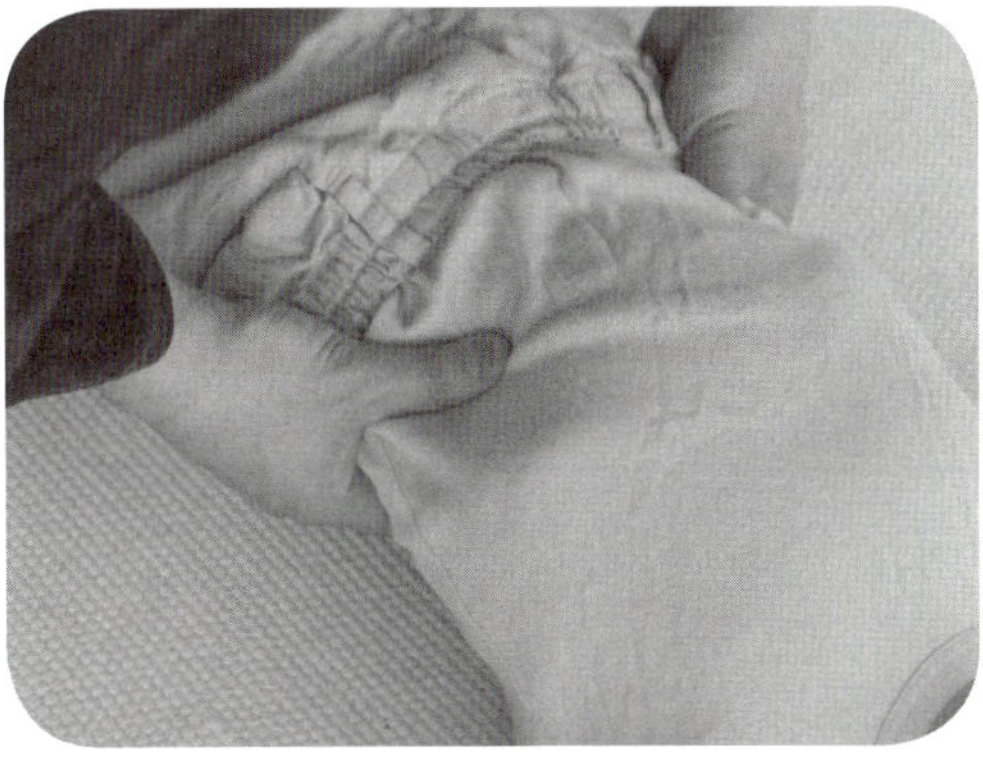

子どもの両脇腹に手を差し入れ、大きくつまみます。わーっと動かしてはぴたっと止めるということを何回かくり返し、最後にじっと愉気します。子どもはくすぐったがったり、痛がったりしますが、テンポよくやって子どもが笑顔でいられる程度で終えるのがコツです。

口内炎の手当て

口内炎や歯痛、おなかをこわしたときなど、消化器の変動がある場合は、腕の急処を押さえます。

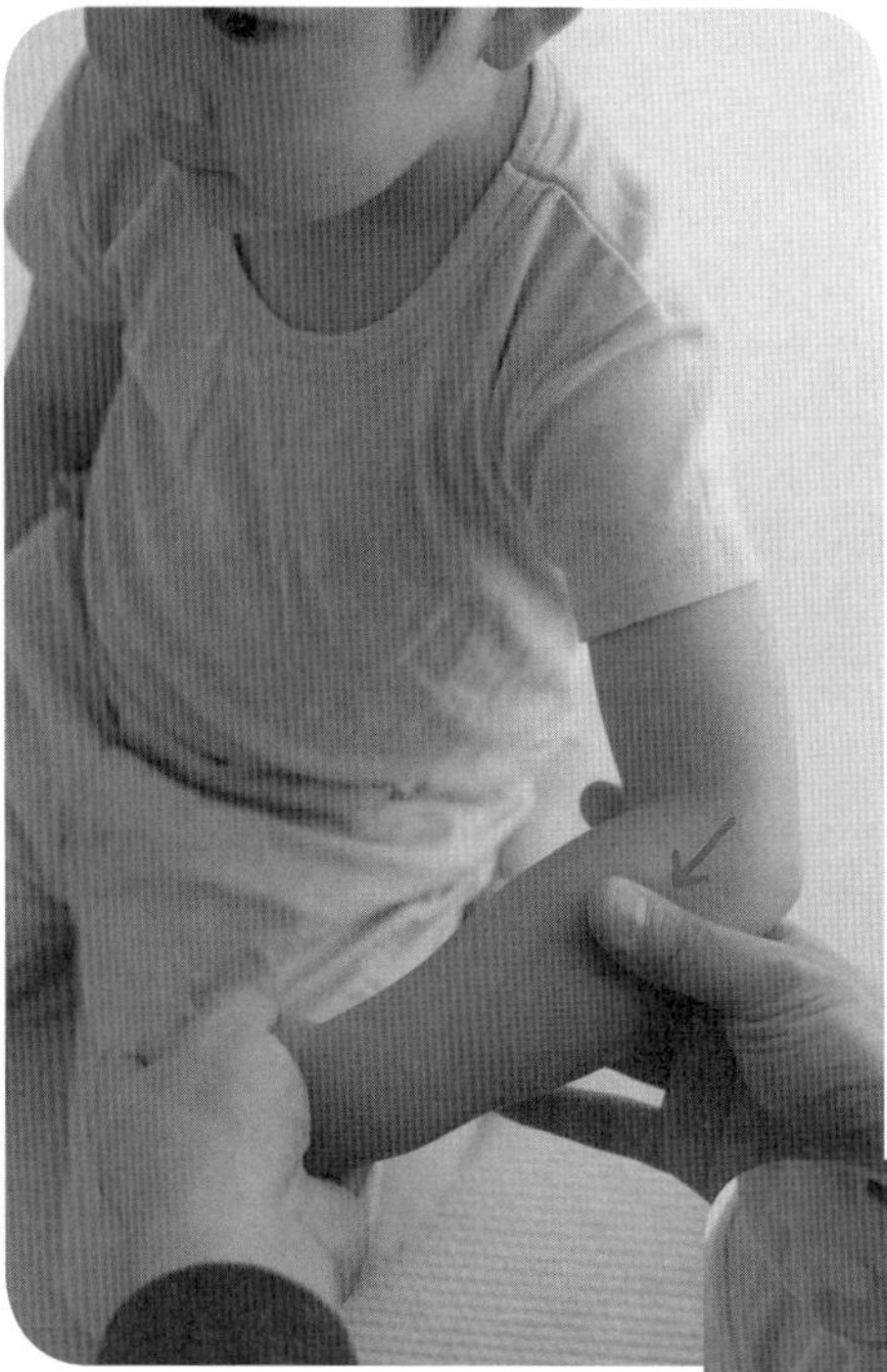

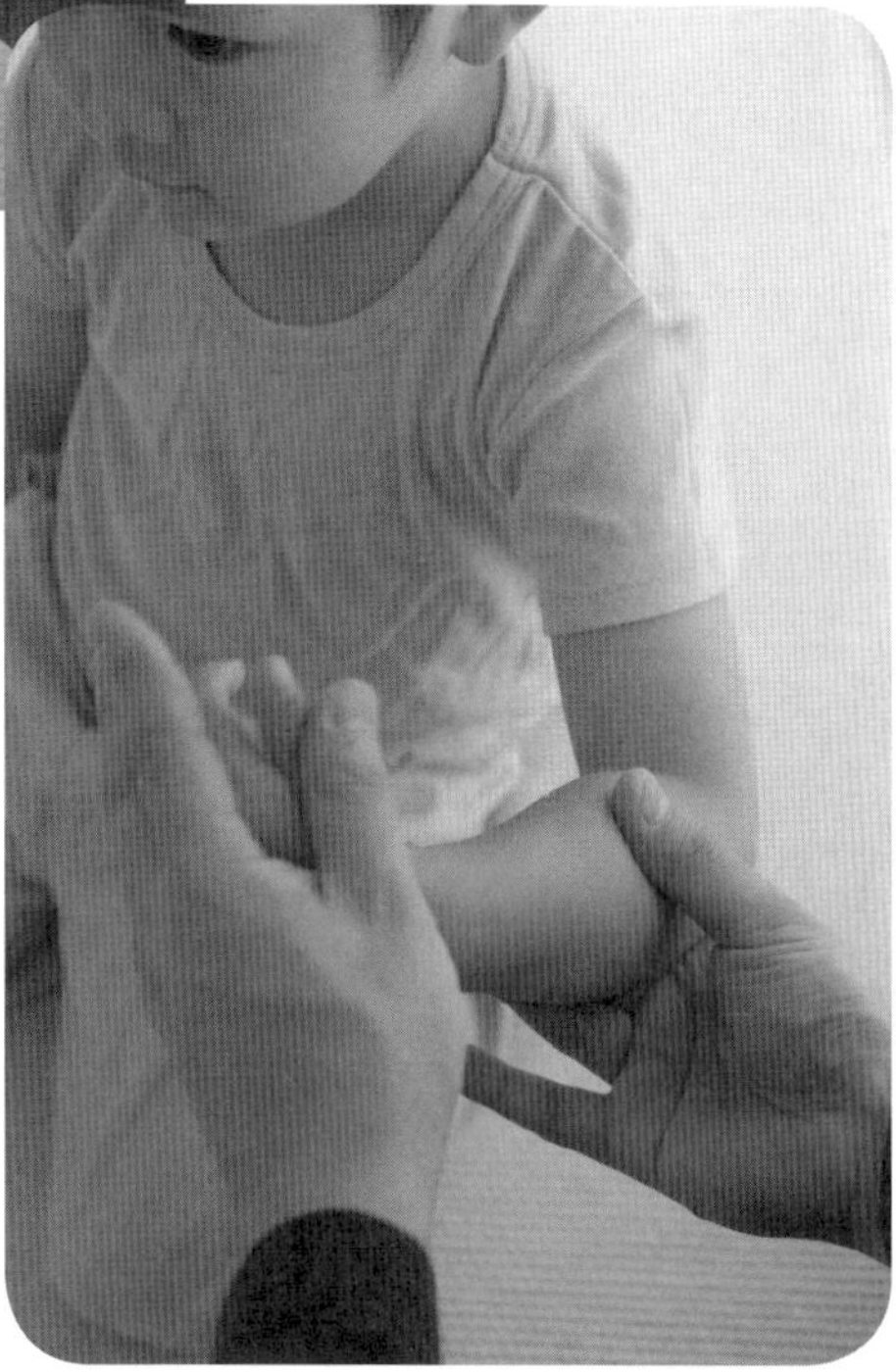

①口内炎ができている側の前腕部の肘の近く（矢印部分）を親指の腹で押さえたら、もう片方の手で子どもの手首を曲げるようにしてもちます。

②雑巾をしぼるようにこどもの手首を親指側にひねります。そのとき肘を押さえている親指に力が集まるようにして、その部分の筋を内側にはじきます。難しい場合は、肘の近くを押さえたまま愉気をするだけでも構いません。

第四講

子どもの自立を助けることばかけ

潜在意識に働きかけることばかけ

さて、ここまで整体のからだの捉え方とその手当てについてふれてきました。「からだを整える」「からだを育てる」という観点に立つ整体の子育てにおいては、日々ことあるごとにからだにふれ、からだに聞いていきますが、さらにもうひとつ大事な指導の軸があります。それは「潜在意識教育」というものです。

潜在意識とはいったいなんでしょうか？　みなさんはつねに膨大な情報を感覚していますが、そのうちのごくわずかだけを意識しています。たとえば家の前を通る車など、どんな車が走ろうがほとんど意識していないと思います。けれども、おとうさんが車で帰ってきたなんていうと、すぐさまパッと意識にのぼりますね。それはつまり膨大な種類の車のエンジン音から、おとうさんの運転する車の音だけを聞き分けているということなのです。それもまったく意識しないままに。いままで家の前を通る車の音などまったく聞こえていなかったにもかかわらず、おとうさんの車の音だけがいきなりパッと意識にのぼって聞こえはじめる。そして、そのあとはじめて「そういえばずっと車の音が聞こえていた」ということに気がつくのです。人間は潜在意識ではつねにいろいろなことを感覚しているのですが、そのうちの必要なことだけが意識にのぼるようにできている。それが意識と潜在意識の関係なのです。

潜在意識というのはわたしたちの意識していないところでつねに動いているのですが、だからこそ、わたしたちの日常生活に非常に大きな影響を及ぼしています。意識ではどんなに「怖くない」と思っていても、潜在意識で「怖い」と感じていれば、心臓はドキドキしはじめるように、人間のからだには、意識よりも潜在意識のほうが直接結びついてくるのです。それはもっといえば潜在意識の持ちよう次第で、からだの事情はいくらでも変わってしまうということでもあります。そういうことを考えると、潜在意識のあり方を考えることは、「からだ育て」という点からしても、とても大切なことなのです。

では、具体的にどのようにして潜在意識に語りかけていけばよいのでしょうか？　それにはいろいろなやり方がありますが、ここでは子育ての場面における具体的な「ことばかけ」にしぼってお話ししていこうと思います。

子どもにことばかけをしたときに、子どもにはいったい何が伝わっているんだと思いますか？　子どもはよく大人の口調や身振りをそっくり真似してしゃべっていることがありますが、それはある意味「子どもに何が伝わっているか」ということが、よくわかる事例かもしれません。わたしたちはことばかけの際に、そのことばの意味については意識しているかもしれませんが、それ以外の口調や身振りといった部分については、あまり意識していません。そういう部分は、ある意味ことばかけにおいては余白に当たる部分です。ですが、その部分を子どもがそっくり真似することからわかるように、じつはそういうところでこそ潜在意識的なさまざまなメッセージの授受がおこなわれているのです。つまり、わたしたちがあまり意識していないちょっとした言い回しやことばの選び方によって、子どもに伝わるメッセージはずいぶん変わってしまうということです。では具体的に、ことばかけによってどのような違いがあるのでしょうか。

子どもの内面を見つめる認め方

たとえば子どもが掃除をしているときに、あるひとは「きれいに掃除してるね。掃除が上手なんだね」と声をかけたとします。また、あるひとは「きれいに掃除してるね。きれい好きなんだね」と声をかけたとします。

これらの言い回しにはどのような違いがあるでしょうか？ そこには別に大した違いはないようにも思えます。でも、そういうわずかな言い回しに、ちょっと意識を向けてみてほしいのです。あるいはこう質問を変えてみましょうか？ 「掃除が上手だね」ということばと、「きれい好きだね」ということばは、それぞれ何を見て出てきたことばでしょうか？

子どもに「掃除が上手だね」と声をかける場合、それは「行為の結果」あるいは「行為の巧拙《こうせつ》」を見つめています。それに対して「きれい好きだね」と声をかける場合、それは「子どもの内面」「自発的なこころ」を見つめています。ちょっとした言い回しの違いかもしれませんが、そこにはことばを発しているひとが「どこを見つめているか」という「視点」の違いがありありと現われています。

そのようなことばの言い回し自体に含まれている視点は、話し手も聞き手もほとんど意識することはありません。ですが、からだははっきりその眼差し自体を感覚的に受け止めています。とくに模倣力、共感力の強い子どもたちは、その大人の眼差しを疑似的に追体験しているといってもいいくらいです。大人が見つめているものを子どもも見つめている。

子どもは「注意の焦点」に非常に敏感ですから、そういうことばの言い回しに潜んでいる「大人の眼差し」を敏感に受け止めています。そしてその注意の焦点にこそ子どもは向かっていくので、大人が「行為の結果」を見つめているなら「行為の結果」を、「自発性」を見つめているなら「自発性」を重視しはじめるのです。それは子どもの潜在意識の方向を決定づけるという意味で、やはりとても大切なことなのです。

子どもをほめるとか叱るとかいうときに、どういうことばをかければいいのか悩まれる方も多いと思います。たしかにそれは悩みどころです。ですが、自分の「ことばの視点」や「注意の焦点」に自覚的になってくると、子どもに対することばかけがずいぶん変わってきます。子どもはそういう部分にこそ敏感に反応するので、ことばかけが変わってくると、子どもにスッとことばが響くようになるのです。子どもをほめるにせよ叱るにせよ、大人がどの角度からどのように見るのかという、その「認め方」が大切です。それによって「注意の焦点」が変わってきて、それを受け止める子どもの振る舞いが変わってくるのです。

子どもの看病をする際にも、その熱を出す体力を見つめて「こんなに熱が出るなんて元気な証拠だよ」ということばかけをしたり、いろいろなものを排泄しているときに「こうやってからだは大掃除をしているんだよ」ということばかけをしたりするように、同じ現象でも見方が変われば、認め方も変わります。そしてその大人の「病気に対する認め方、捉え方」こそが、子どもの潜在意識にはフッと入っていくのです。子どものイタズラの中に知恵を見たり、病気の中に体力を見たり、内気さの中に思慮深さを見たりすること。そこに子どもを育てる「認め方の技術」というものがあります。

ダメをいわないことばかけ

「ことばの視点」という観点からさらに述べると、先ほどは「どこを見つめる視点か」ということについて述べましたが、さらにもうひとつ「どこから見つめる視点か」ということがあります。幼稚園に行くと、おやつの時間、いまかいまかと座って待っている園児たちに先生が「まだ食べないよ～」などと声をかけたりしています。あるいは廊下を走る子どもたちに「ほら！　廊下は走らない！」などと注意したりしている。

はじめはわたしも何気なく聞き流していたのですが、そういえばこれは見事な言い回しだなと、あるときふと気づいたのです。つまり語り口が「命令」になっていないのです。もし命令するのなら「食べてはいけません」とか「走っちゃダメよ」という言い回しになるでしょう。けれども「まだ食べないよ」とか「廊下は走らない」という言い方は、それはちょっとも命令ではない。むしろ子どもが自分で自分に言い聞かせる独り言のようですらある。それは「ことばの視点」が、「大人から子どもへ目線」ではなく、「子ども自身の目線」になっているんですね。保育者の方たちは、子どもに対する共感的な姿勢から無意識のうちにそういう言い回しになっているのかもしれませんが、見事なものだと感心してしまいました。

「命令口調」は必ず「命令するひと」と「命令されるひと」とを区別するので、大人と子どもの対立を生み出してしまいます。けれども「食べないよ〜」なんていう「独り言口調」は、むしろ子どもと同調、共感して一体化して動いていきます。「ことばの視点」が同じ目線を共有しているので、聞いていて抵抗感や反発心が起こりづらいのです。しかも同じ目線というのは子どもがとても空想しやすい。その違いは大きい。

「どの立場でものをいうのか」ということは、わたしたち大人の世界でもしばしば語られることですが、そういうことも少し考えてみる必要があります。上から見ているのか、下から見ているのか。面と向かっているのか、後ろからささやいているのか。相手から離れていくのか、いっしょになっていくのか。そういうことばのもっている「視点」は、やはりほとんど意識されることなく、潜在意識の中で動いていくのです。

子どもが空想しやすいことばを使う

ですからわたしたちは、自分がふだんよく使っている言い回しが、いったいどういう視点を伴っているのか、一度空想してみる必要があります。それでもしいいカタチに言い換えられるならば、ためしに言い換えてみる。「食べちゃダメ」「ぶってはいけません」などという命令口調の言い回しは、「食べないよ」「ぶってはいけないよ」と言い換えることができますし、さらには「食べたら辛いよ」「ぶったら痛いよ」という言い回しにして、子ども自身に空想させてあげることもできる。「子どもの空想力に語りかける」ことは、子どもに対することばかけにおいては大切なことです。

たとえばちいさな子どもがストーブをさわろうとしたときに、「危ないからダメよ」ということばかけをしたとしても、子どもにはその理由がわかりづらいことがあります。「危ないから」といわれたって、「危ない」ということがよくわからないのですから、理由が空想できない。そうすると結局、ストーブにさわってはいけない理由が「ママがダメっていったから」ということになってしまいます。

たしかにそれは子どもにとってはいちばん空想しやすい、そして切実な理由です。でもストーブにさわってはいけないのは、「ストーブが熱くて火傷をしてしまうから」ですよね。あくまで「子ども」と「ストーブ」の関係において「さわらない」ということなんです。本来そこに大人は介在しない。ですから、できたら大人はなるべく余計なことをしないほうがいいんです。

子どもが世界のさまざまなものと出会っていくときというのは、まず「なんだろうこれは?」と疑問に思って、いろいろふれたりなめたり叩いたりするうちに、それがいったいどういうものなのか、だんだんとわかってくる。そうやって自分の五感で世界と出会っていくのがいちばん自然な出会い方です。けれども世界にはときに危険なものもありますから、そこから子どもを守ってあげることも、大人として大切な仕事です。最初に不幸な出会い方をしてしまうと、苦手意識や嫌悪感が生まれて、なかなか抜けなくなってしまいますから、なるべく出会いはスムーズにさせてあげたい。

なので、不幸な出会い方をしないで済むように最善の注意は払うけれども、大人がしゃしゃり出て出会いの邪魔もしたくないのです。ですから「子ども」と「ストーブ」との出会いにおいても、大人が間に入って「さわったらダメよ」ということではなくて、いっしょにストーブを見つめながら「あったかいね。でもアッチッチーよ」というふうに引き合わせていくということなのです。そのほうが、出会い方としてより自然ではないでしょうか。そのことばかけはまず「ことばの視線」が同じです。そして禁止の「命令」でもない。「さわったら熱い」という事実関係を伝えながら、さわったらどうなるのかを空想させてあげている。子どもにとっては「どうなるのか空想できない」ことが、行動を自制できない大きな理由のひとつですから、空想させてあげるというのは、とてもよいやり方です。

そしてもし危険でないなら火傷しない程度に一瞬どこかふれさせてみてもいいかもしれません。それで「熱い」ということがからだで理解できれば、「熱いから、さわらないように気をつけようね」と話を進めていくことができます。すると子どもは「ストーブにさわってはいけない」というルールを、「ストーブそのもの」から教えてもらうことになります。それはもっとも自然な世界との出会い方ですし、またもっとも自然な学習のあり方ではないでしょうか。

ことばかけは、機を見ておこなう

あとはほめたり叱ったりするときには「機を見る」ことが大切です。人間の振る舞いには「勢い」というものがあります。どんなことでもそうですが、物事の呼吸や勢いを考えずに働きかけると、とても苦労します。たとえば子どもがイタズラをしているときでも、その勢いがピークに達しているときには、何をいってもなかなか通じません。それどころかますます勢いづいて、激しさが増すかもしれない。

子どもを叱ったら子どもが何か言い訳をしはじめたというようなときでも、やはりうかつに抑えようとすると、「でもでもだってだって」とますます言い訳が止まらなくなってしまいます。ですからそういう場合も、勢いのあるうちはむしろ出させてあげるほうがいいのです。子どもが言い訳をしようとしているならば、「そう。それで?」とまずはうなずきながら聞いてあげる。よいとか悪いとか、そういう判断は下さずにただ聞き役に徹して、とにかく相手の物語をしっかり出させてあげる。言い訳を全部出させてあげると、だんだんはじめの勢いが収まって落ち着いてきますから、気が抜けたところを見計らって、「でも、いけなかったね」とか「今度からは気をつけようね」とかいえばいいのです。

前にあるおかあさんにそのお話をしたところ、さっそくお子さん相手に実践したそうです。いつもだったら「言い訳するんじゃありません」と怒ってしまうところを抑えて、「そう、それで?」ととにかく聞き役に徹した。しばらく聞いていたら、その子が突然「おかあさんは鶴の恩返しって知ってる?」と聞いてきた。「知ってるよ。なんで?」と聞くと「おじいさんは鶴と『絶対のぞかない』って約束したのにのぞいちゃったから、鶴はいなくなっちゃったんだよね。だから約束を破るのはよくないことだと思う」と、自分で結論に至ったそうです。その話を聞いて、なんだかわたしもおかしかったですけど、その子も言い訳しているうちにふと「鶴の恩返し」の物語が思い出されたんでしょうね。黙って聞いてもらっているうちに、必死に言い訳している自分も冷静に見つめられて、それでこれはよくないことなんだって自分で結論を出すことができた。それもその子の中で高まっていた言い訳の勢いをそのまま出させてあげたから、自分自身で収めていくことができたのでしょう。もしそれを抑えていたら、そんな結論にたどりつくことはできなかったかもしれません。そういう子どもの中の「勢い」を見て、「いまだな」というところで働きかけていく。それが「機を見る」ということです。

さて、ここまで「整体的な子育て」についていろいろお話ししてきました。からだというのは、知識偏重の現代の価値観においては、どうしても見過ごされやすい部分です。ですが、わたしたちが生きているというのは、からだあってのことなのです。忘れられがちなことではありますが、整体ではそういう「忘れられがちな部分」にこそ目を向け、耳を傾けることを教えます。そういう部分ときちんと向き合える人間がどんどん育ってくれれば、社会はより健やかなものになっていくんじゃないかとわたしは思っています。それはきっとどんな些細なことであっても尊重され、そしてその声を丁寧に聞き入れられる、そんな社会です。それは「意識」と「潜在意識」が、「頭」と「からだ」が、そして「大人」と「子ども」が、どちらもないがしろにされることなく、きちんと向き合って対話のできる社会であるはずです。

亮さんの整体問答

Q　夜になると咳が出て寝つけないようなので、どうにかしてあげたいです。

A　目の愉気と、鎖骨窩の愉気をしてあげてください。

夜になって迷走神経が活発になってくると気管支が収縮して、咳が出ることがあります。その原因自体はさまざまな要因があるので一概には語れないのですが、日頃の生活の中で咳につながりやすいものを挙げるとしたら、まず目の使いすぎが挙げられます。整体ではそれを「テレビ風邪」と呼んだりもするのですが、目の急所である胸椎一、二、三番あたりは呼吸器の急所でもあって、目を使いすぎてくたびれてくると、そのあたりが硬直して咳につながることがあります。ですから風邪を引いて寝ているときに、暇だからとテレビなどを見ていると、余計に咳がひどくなります。

手当てとしては目の温湿布をしてあげるか、愉気をしてあげる。あとは呼吸器の急所である鎖骨窩（くぼみ）が硬くなっていますから、そこにも愉気をしてあげるとよいでしょう（83ページ参照）。

むせ返るほど咳が激しくて見ていられないようでしたら、救急法として咳を止める方法があります。子どもに座ってもらったら、頸椎の六番、七番そして胸椎の一番、二番を上から順々にトントンと叩いていきます。適当に叩くとあちらこちらを叩いてしまいますから、片手でその椎骨の真下あたりを押さえて、それに沿って叩くとずれません。これをやると迷走神経が落ち着いて咳が治まってきます。

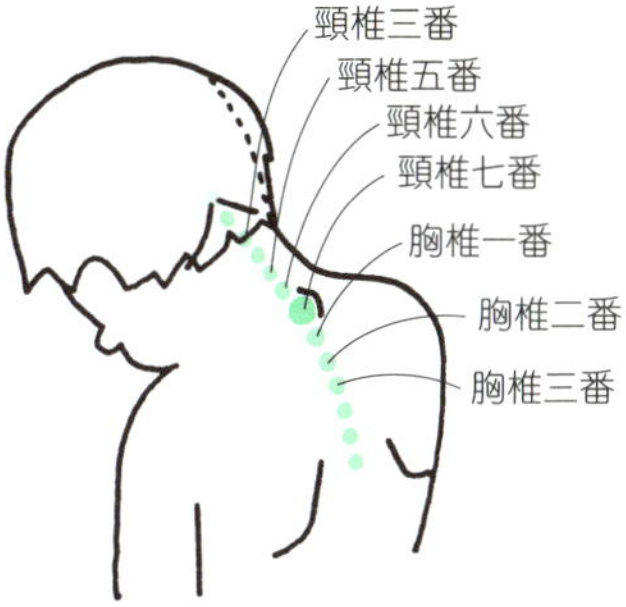

顔を下に向けたときに、いちばん飛び出る骨が頸椎七番。

頸椎の六番、七番、胸椎の一番、二番を順番に手刀（手の側面）で叩く。

Q 子どもがしょっちゅう鼻水を垂らしていて、苦しそうなのですが……。

A 鼻柱と頸椎三番の手当てをしてみてください。

鼻は首から上の排泄器なんです。ですから子どもはことあるごとに鼻水が出たり、鼻血が出たり、鼻の脂が出たりして、いろいろな排泄反応を起こすのですが、基本的には出させてあげて構いません。それらを通じて頭の掃除をしているのだと思えばいい。頭の打撲をしたあとなど、4日後あたりに鼻血が出てくることがあるのですが、それも頭の中の出血の掃除と見ることができます。

昔の子どもはよくあおっぱなを垂らしていましたが、あおっぱなのようなものも必要な排泄をおこなっているのです。鼻は生殖器とも関係してくるのですが、子どもの頃のそういう排泄反応は、生殖器がきちんと育っていくためにも大事な面があります。ですからいっぱい出させてあげてください。ですがいちおうそのサポートとしての手当てがありますから、やってあげるとよいでしょう。

　まずは鼻柱の両脇を指で軽く押さえて愉気します。やや熱めのお湯をしぼったハンドタオルのようなもので、鼻を包むように温める鼻柱の温湿布もいいでしょう。あとは頸椎三番（111ページ参照）の骨の両側を軽く押さえて、首をねじりながら鼻の通るほうを探して顔をそちらに向けたまま、じーっと愉気をしてあげます。

　ちなみに鼻血などは、頸椎六番（111ページ参照）をトントンと叩くか、カカトをトントンと叩くと止まります。よっぽどの出血でなければ鼻血を止める必要はないのですが、いちおう覚えておくと安心して見ていられるでしょう。

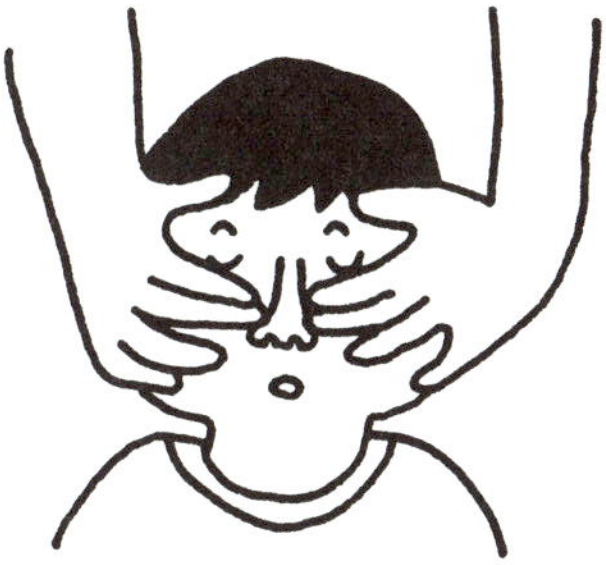
鼻柱の愉気。

頸椎三番の両側を親指で軽く押さえ、首を軽くねじりながら愉気。

Q 子どもの寝相が悪いのですが、昼間の過ごし方に問題があるのかな、と心配です。

A まったく問題ありません。冷えにだけ気をつけてください。

寝相が悪いのはまったく問題ありません。むしろよいことです。寝ている間に動き回るのは、からだ自身の要求によるもので、からだにとって必要な動きをしているのです。ですから寝相が悪いひとほどからだの調整能力があるともいえます。

子どもはたいがい寝相が悪いものですが、それは大人よりもからだの調整能力があるからです。歳を取ってくるとじょじょにからだがこわばり、寝相すらもなかなか動かなくなってしまいます。そうなってくると寝ても疲れが取れないとか、朝起きるとからだが痛いということが起きはじめます。ですからむしろ大人こそ、寝ている間にもっと動いたほうがいいくらいです。

ただ寝相が悪いと、毛布やかけ布団を蹴っ飛ばしてしまって、冷えてしまうこともありますから、それは気をつけなければなりません。基本的に子どもには、どれだけ動いても冷えないように長そで長ズボンのパジャマを着せて、部屋全体も隙間風などが入らないようにする配慮が必要です。汗をかくような寝苦しい夜には背中にタオルなどを1枚入れて、夜中に交換してあげるとよいでしょう。

Q　保育園で行事があると、子どもがおなかを下しやすいのですが、精神的なものでしょうか。

A　頭の過敏をゆるめて、ゆったり過ごしてください。

腸は脳と深い関係があります。アメリカの神経生理学者のマイケル・D・ガーション博士が、腸のことを「セカンド・ブレイン（第2の脳）」と呼んでいますが、それくらい腸と脳は深い関係があり、また似ているところがあります。最近は過敏性腸症候群といって「緊張するとすぐ下痢をしてしまう」というひとが増えていますが、それもそういう関連があるといっていいでしょう。

心理的な変動が腸の動きにつながりやすいのは、ある種の体質（整体ではそれを体癖といいます）にもよりますが、脳の過敏、神経的な過敏を落ち着かせてあげると、おなかの変動も治まってきます。

そこでまずは、行事の朝は少し早めに起きて、ゆったり過ごすことからはじめましょう。そして頭部第二調律点といって、目を上にのぼったところと耳を上にのぼったところの交差点に手のひらを軽くふれて愉気してあげてください。ここに愉気していると頭がポカンとしてきて、おなかの過敏現象も治まってきます。とくに緊張しやすい子は、手のひらの中心の「掌《たなごころ》」を押さえて愉気してあげると緊張が取れてきます。「手のひらに3回、人という字を書く」というおまじないをご存知の方も多いかと思いますが、ここは不安や緊張を取る急処なのです。

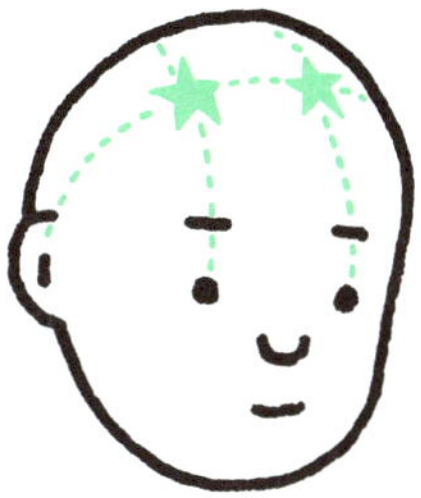

頭部第二調律点の位置。

神経の過敏には、頭部第二調律点に愉気する。

Q　いつまでもおっぱいを飲みたがるのですが、卒乳はどうすればよいのでしょうか。

A　要求があるなら飲ませて構いません。ただし補食を進めてみてください。

子どもがおっぱいを飲みたがるのを無理にやめさせる必要はありません。欲しがるうちは飲ませてあげればよいでしょう。ですが、そのまま何もしないでいいということではありません。子どもはつねに「新しい刺激」を求めていますが、また同時に「変わらない安心」も求めています。おっぱいは、いってみれば「変わらない安心」の象徴のようなもの。ですから子どもがおっぱいを欲するのは、おなかが減ったときだけでなく、不安なとき、寂しいときというような「安心を求めるとき」ということもできます。とくに大きくなってからのおっぱいは、栄養を求めているのではなく安心を求めているのです。ですから生活がドタバタしていたり親が忙しくて子どもに構ってあげられなかったりすると、「おっぱい要求」は高まります。

これからおこなっていくこととしては、まずはたっぷりからだにふれて愉気をしてあげること。毎日毎日たっぷり気をかけてあげてください。そうして子どもの中に安心が育ってくると、子どもは自然と「新しい刺激」を求めはじめます。そうしたらその（独立）要求に従って、離乳食（整体では補食といいます）を与えていけばよいのです。整体ではあかちゃんに対する補食と卒乳をずいぶん早くから指導してゆくのですが、それはそのような子どもの中の「安心」と「独立」を、早くから親に観察してもらうためなのです。

あせる必要はありませんから、おっぱいを飲ませてあげながらたっぷり愉気をして、子どもに新しい味のたのしさやおもしろさというものを気づかせてあげられるよう、いろいろな補食を進めてみてください。

Q 子どもの落ち着きがなく、いつもウロウロしているので、ケガしないかと気になり、くたびれてしまうのですが……。

A 潜在意識を活用してみましょう。

子どもは興味のおもむくままに動きますから、その行動が予想しづらいところがあります。文脈の読めない動きに付き合わされてしまうと疲れるので、子どもに気をかけるにしても、あまり一生懸命になりすぎないことが必要です。ではどうやって気をかければいいのかというと、それは潜在意識をうまく活用するのです。

武術用語で「目付け」ということばがあります。何かあったらすぐ対処できるように、気になるもの、気になるところに目を付けておく方法のことです。わたしも講座などで子どもがいるときは、子どものようすとともに部屋の危険そうな場所に必ず「目付け」をしておきます。子どもがそういう場所に近づいたらパッと意識にのぼるように、ある意味自分に暗示をかけておくんですね。すると、何かあったらすぐ反応できる。あるいは気配を感じた瞬間に意識できる。「大丈夫だろうか」とずーっと意識していたらくたびれてしまいますが、潜在意識を活用するとあまりくたびれないのです。

いちばん簡単な「目付け」の方法は、子どもと出かけたら、最初にぐるっと見回して、危なそうな場所をあらかじめ探しておくことです。そして気になるところがあったらそこで起こりうる危険を空想しておく。この「空想しておく」ということが大切なことです。「ここに手を挟んだら痛いな」とか「ここで転んだら頭をぶつけるな」とか、そういう危険をなんとなく空想しておくと、何かのときにサッと気がつけるようになります。一度空想しておいたら、あとはあんまり意識しないでいい。他の何かに気をとられすぎてさえいなければ、必要なときにふっと気がつくはずです。

Q 子どもの寝つきが悪くて、夜更かしをしてしまうのですが……。

A 昼間は思いっ切りあそばせて、夜は「眠りの場」づくりをこころがけてください。

寝つきが悪いのは、多くはまだあそび足りずにエネルギーがあり余っているか、神経が昂ぶって気が上がってしまっているかのどちらかです。あそび足りずにエネルギーがあり余っているなら、昼間にもっとからだを使って存分にあそび回る時間を増やしてあげる必要があります。まだ動けないあかちゃんでもエネルギーの発散は大事で、運動の代わりに入浴を通じて発散させてあげます。あかちゃんでもちょっと熱めのお湯に入ると、よい発散になるのです。

神経が昂ぶっている場合には、少し神経を休めて落ち着かせてあげることが必要です。そのためには目の温湿布や頭部第二調律点（117ページ参照）の愉気をして、まずは頭をゆるめてあげること。そして上がってしまった気を下ろしてあげるには、とにかく足にふれていくのがよい方法です。アキレス腱の手当てをしたり、足の指を引っ張ったり、足湯をしたりして、足のほうに気をかけてあげると、子どもの気も足に向かい、昂ぶっていた神経がだんだん落ち着いてきます。

あとは生活のリズム自体を、夕飯後あたりから眠りに向かうようにつくっていくのも大事なことでしょう。部屋の照明をゆっくり落としていったり、いつも寝るときに使うお香を焚いたりして、「眠りの場」づくりをこころがける。生活習慣は、家族の生活のリズム全体を整えていくことが、基本です。それは家族にとっての「呼吸法」のようなものなのです。

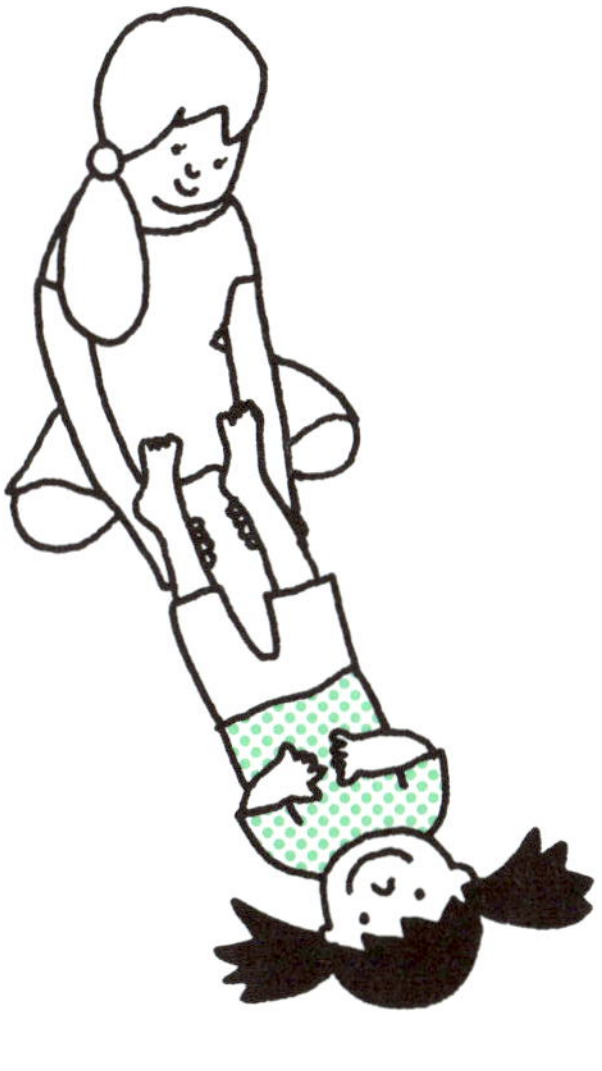

神経が昂ぶって、寝つきが悪いときには、アキレス腱に愉気する。

ふたつの視点で見る世界―おわりに

最後までお読みいただいてどうもありがとうございました。みなさんはこの本を読んでみて、どう感じ、またどう思われましたでしょうか？　子どもに対して違う見方というものをもつことができましたでしょうか？　からだについて、もう少し気をかけてみようと思われたでしょうか？　もしそうだとしたら、これほどうれしいことはありません。

わたしはこの本を通じてみなさんに新しい知識を身につけてもらおうとか、新しい育児法を知ってもらおうとか、そんなことはほとんど考えていませんでした。むしろ新しい知識などまったくいらないから、いつもと変わらぬ日常をもう一度見つめ直してほしいと思っていました。それも「いつもとちょっと違う角度」から。ご自分の子どもや家族やあるいは自分自身というものを、いつもとちょっと違う視点から眺めてみる。それさえやってもらえれば、それでいいなと思っていたのです。

わたしたちはみな、自分なりの視点をもっています。それは一人ひとりの好みや経験を内包した、それぞれちょっとずつ個性的な視点です。ですが、ときにわたしたちはその自分の視点に縛られてしまって、ひとつの「ものの見方」しかできなくなってしまうことがあります。それはとてもシンプルでわかりやすい「見え方」を保障してくれるかもしれませんが、物事が少し複雑なカタチを取りはじめると、どうしていいのかまったく解決策が見つからなくなってしまうことがあります。そうやってひとつの「ものの見方」から離れられなくなって、それで苦しんでいる方たちも多いように思います。

ひとつの「ものの見方」、ひとつの視点から物事を見てみると、それは平べったい平面の世界としてしか映りません。が、もしそこにもうひとつの視点を加え、「ふたつの視点」で見つめることができたなら、世界はとたんに「奥行き」をもちはじめます。すると、同じ風景を見ていても、そこにはまったく違う世界が現われるのです。それはひとつの視点では決して見えてこない世界です。たとえ平面上では解の見えない出来事であったとしても、もしその奥に新しい次元の平面が見えたなら、そこに道があるかもしれないのです。

わたしたち現代人は、あまりに強烈に「頭（意識）」の視点でのみ、世界を見つめすぎているように思います。それはまるで昼間のように明るい視界で、すべてがクリアに見えています。けれどもじつはわたしたちはまた、違う視点でも世界を見つめていて、それが「からだ（潜在意識）」の視点なのです。それはまるで夜のように薄暗い視界で、すべてがぼんやりつながっているように見えます。物事をクリアに見つめたいと願う現代人にとっては、ただのノイズのようにしか映らないのかもしれません。だからよく見えるほうの視点でのみ世界を見つめている。けれどもそれでは世界の奥行きは決して見えてこないのです。それぞれ違う「ふたつの視点」を重ねて見たときに、はじめて見えてくるものというのがあるのです。そのときひとは、「世界がどれだけの奥行きの深さをたたえているのか」、改めて知ることになるでしょう。

わたしはもっとも人々の間で「頭」と「からだ」の対話がおこなわれていくことを願っています。それは人々が両目を見開いていくということであり、また頭とからだのデモクラシーということでもあります。そうやって頭とからだの対話がおこなわれていくということは、男と女の対話がおこなわれていくということであり、また大人と子どもの対話がおこなわれていくということでもあります。わたしにとっては、それらはどれも同じ文脈での出来事であって、そこにはなんの違いもないのです。ですから、わたしはこの本で「子育て」について語ってきたつもりではありますが、ひょっとして「頭とからだ」について語っていたのかもしれませんし、「男と女」について語っていたのかもしれません。でもそれは読んでくださったみなさんが読み取ることですから、やっぱりわたしにもわかりません。なんだかわからないことをいっているようですが、でも本当にそうなんだから仕方がないのです。それはおそらく、わたしの「頭」が語ろうと意図したことなのではなく、わたしの「からだ」が語りたいと願ったことなのです。だからみなさん、『読んでくれてありがとう』。

二〇一一年六月

山上　亮

著者プロフィール

山上　亮（やまかみ・りょう）

東京生まれ。整体ボディワーカー。「ミュートネットワーク」所属。野口整体とシュタイナー思想の観点から、ひとが元気に暮らしていける「身体技法」と「生活様式」を研究。からだの感覚を磨き、からだの声に耳を傾けることで、からだの智慧を現代の生活に活かす方法を提唱している。整体指導、子育て講座、精神障碍者のボディワークなど、幅広く活躍中。［月刊クーヨン］に整体エッセイを好評連載中。

著書に『整体的子育て入門』（こどものとなり編集部）、『子どものこころにふれる　整体的子育て』（クレヨンハウス）などがある。

ブログ：雑念する「からだ」http://zatsunen-karada.seesaa.net/

整体的子育て 2　わが子にできる手当て 編

発行日　2011年8月4日　第1刷

著　者　　山上　亮

発行人　　落合恵子
発　行　　株式会社クレヨンハウス
〒107-8630
東京都港区北青山3-8-15
TEL. 03-3406-6372
FAX. 03-5485-7502
e-mail　shuppan@crayonhouse.co.jp
URL　http://www.crayonhouse.co.jp/

印　刷　　大日本印刷株式会社

ISBN 978-4-86101-194-8
C2037　NDC599　128p　19×15cm